eine Rose
a rose
une rose

die Weidenkätzchen
the pussy willows
les chatons de saule

die Katze
the cat
le chat

der Fußball
the football
le ballon

P9-CQK-388

die Kröte
the toad
le crapaud

der Waschbär
the raccoon
le raton laveur

die Trommel
the drum
le tambour

ein Giftpilz
a toadstool
un champignon vénéneux

das Pferd
the horse
le cheval

der Hase
the rabbit
le lapin

eine Libelle
a dragonfly
une libellule

das Horn
the bugle
le clairon

der Fuchs
the fox
le renard

eine Krankenschwester
a nurse
une infirmière

ein Patient
a patient
un malade

der Biber
the beaver
le castor

eine Hexe
a witch
une sorcière

der Besen
the broom
le balai

eine schwarze Katze
a black cat
un chat noir

Liebe Sabine, lieber Hans,

Ihr wißt vielleicht schon, daß in der englischen und französischen Sprache fast alle Wörter anders ausgesprochen werden, als man sie schreibt. Wenn Ihr in der Schule noch keine fremden Sprachen lernt, fragt am besten einen Erwachsenen, der Englisch oder Französisch kann. Er wird Euch bestimmt sagen, wie man die vielen Wörter in diesem Buch richtig ausspricht. Diesen Rat gibt Euch

Richard Scarry

ein Moskito
a mosquito
un moustique

Mein allerschöns

18. Auflage 1987

© 1963 Golden Press Inc., New York.
All rights reserved.
Für die deutsche Ausgabe:
© 1971 Delphin Verlag GmbH, München und Zürich.
Alle Rechte vorbehalten.
ISBN 3.7735.4902.4

eine Motte
a moth
une mite

ein Elch
a moose
un élan

Mit mehr als
1200 bunten
Zeichnungen
und Wörtern

Deutsch · Englisch · Französisch

Wörterbuch

Von Richard Scarry

eine Maus
a mouse
une souris

das Moos
the moss
la mousse

ein Pilz
a mushroom
un champignon

die Vorhänge
the curtains
les rideaux

das Fenster
the window
la fenêtre

Ein neuer Tag

Ein neuer Tag ist angebrochen.
Die Sonne scheint,
der kleine Bär steigt aus dem Bett.

der Waschlappen
the face cloth
le gant de toilette

die Seife
the soap
le savon

das Handtuch
the towel
la serviette

der Kamm
the comb
le peigne

die Zahnbürste
the toothbrush
la brosse à dents

die Zahnpaste
the toothpaste
le dentifrice

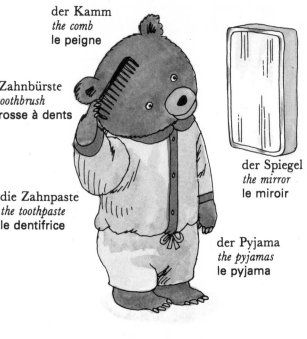

der Spiegel
the mirror
le miroir

der Pyjama
the pyjamas
le pyjama

Zuerst wäscht er sich Gesicht und Hände,
First he washes his face and hands,
D'abord il se lave la figure et les mains,

dann putzt er sich die Zähne
then he brushes his teeth and
puis il se brosse les dents

und kämmt sich seine Haare.
combs his hair.
et se coiffe.

das Hemd
the shirt
la chemise

die Hose
the trousers
le pantalon

Er zieht sich an.
He dresses himself.
Il s'habille.

Er macht sein Bett.
He makes his bed.
Il fait son lit.

Er kommt sofort, wenn er zum Frühstück gerufen wird.
He comes promptly when he is called to breakfast.
Il accourt, dès qu'on l'appelle pour le petit déjeuner.

Der Bär sitzt ganz gerade auf seinem Stuhl.
The bear sits straight up in his chair.
L'ours se tient droit sur sa chaise.

Er ist sehr hungrig. Dies alles ißt er:
He is very hungry. This is what he eats:
Il a grand-faim. Voici ce qu'il mange:

Obstsaft
fruit juice
jus de fruit

Haferbrei mit Rahm
porridge with cream
bouillie d'avoine avec
de la crème fraîche

Pfannkuchen
pancakes
des crêpes

mit Butter und Sirup
with butter and syrup
avec du beurre et de la mélasse

Den Toaströster
ißt er nicht.
*He doesn't eat
the toaster.*
Il ne mange pas
le grille-pain.

Spiegeleier
fried eggs
des oeufs sur le plat

Speck
bacon
lard

Toast
toast
des toasts

Muffins (englisches Teegebäck)
muffins
des muffins (petit pain anglais)

Honig
honey
miel

Marmelade
jam
confiture

Kakao
cocoa
cacao

kalte Milch und eine Waffel
cool milk and a waffle
du lait froid et une gaufre

Wenn er mit dem Frühstück fertig ist, hilft er seiner Mutter beim Abspülen.
When he has finished eating breakfast he helps his mother to wash and dry the dishes.
Quand il a terminé son petit déjeuner, il aide sa mère à faire la vaisselle.

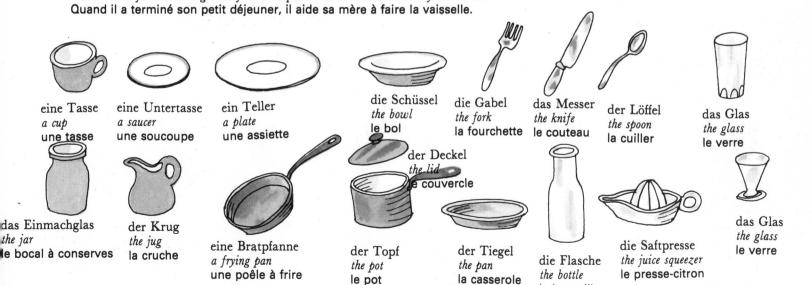

eine Tasse
a cup
une tasse

eine Untertasse
a saucer
une soucoupe

ein Teller
a plate
une assiette

die Schüssel
the bowl
le bol

die Gabel
the fork
la fourchette

das Messer
the knife
le couteau

der Löffel
the spoon
la cuiller

das Glas
the glass
le verre

der Deckel
the lid
le couvercle

das Einmachglas
the jar
le bocal à conserves

der Krug
the jug
la cruche

eine Bratpfanne
a frying pan
une poêle à frire

der Topf
the pot
le pot

der Tiegel
the pan
la casserole

die Flasche
the bottle
la bouteille

die Saftpresse
the juice squeezer
le presse-citron

das Glas
the glass
le verre

Jetzt kann er mit seinen Freunden spielen.
Now he is ready to play with his friends.
Maintenant, il peut jouer avec ses amis.

Das Haus der Familie Hase

Vater Hase, Mutter Hase und die zwei Brüder Hase sind aufgestanden und machen sich fertig. Die Eule wartet schon auf die beiden Brüder. Sie ist ihr Freund und möchte mit ihnen spielen. Weißt du, wo die Eule sitzt?

der Schornstein
the chimney
la cheminée

das Dach
the roof
le toit

der Vater
the father
le père

der Spiegel
the mirror
le miroir

das Bett
the bed
le lit

das Schlafzimmer
the bedroom
la chambre à coucher

der Schrank
the cupboard
le buffet

die Lampe
the lamp
la lampe

das Eßzimmer
the dining room
la salle à manger

die Küche
the kitchen
la cuisine

ein Spültisch
a sink
un évier

der Hintereingang
the back door
la porte de derrière

der Tisch
the table
la table

der Fußboden
the floor
le plancher

der Stu...
the chair
la chais...

eine Axt
an axe
une hache

der Herd
the stove
le fourneau

ein Vogelbad
a bird bath
un bassin pour les oiseaux

ein Holzstoß
a woodpile
une pile de bois

die Mutter
the mother
la mère

der Rasen
the lawn
le gazon

die Eule
the owl
le hibou

der Rauch
the smoke
la fumée

eine Fernsehantenne
a television aerial
une antenne de
télévision

ein Lichtschalter
a light switch
un interrupteur

ein Fernsehapparat
a television set
un poste de télévision

ein Plattenspieler
a record player
un électrophone

die Betten
the beds
les lits

das Treppenhaus
the staircase
le palier

das Badezimmer
the bathroom
la salle de bains

das Bubenschlafzimmer
the boy's bedroom
la chambre des garçons

das Bild
the picture
le tableau

das Wohnzimmer
the living room
e salon

die Kerze
the candle
la chandelle

das Telephon
the telephone
le téléphone

der Kamin
the fireplace
la cheminée

eine Treppe
a flight of stairs
un escalier

die Diele
the fronthall
le vestibule

die Haustür
the front door
la porte d'entrée

das Sofa
the sofa
le canapé

der Teppich
the rug
le tapis

die Fußmatte *the door mat*
le paillasson

das Fenster
the window
la fenêtre

der Plattenweg
the stone path
le dallage

9

Auf dem Spielplatz

Hier gibt es viele lustige Spiele.
Welches gefällt dir am besten?

die Wippe
the see-saw
la balançoire

die Rutschbahn
the slide
le toboggan

Bockspringen
leapfrog
saute-mouton

der Purzelbaum
the somersault
la culbute

Versteckspiel
hide-and-seek
cache-cache

Ringelreihen
ring-a-ring-o'roses
ronde

seilspringen
skipping rope
sauter à la corde

die Ringe
the rings
les anneaux

eine Schaukel
a swing
une escarpolette

eine Leiter
a ladder
une échelle

die Kletterstange
the sliding pole
le mât

der Kreisel
the top
la toupie

die Rollschuhe
the roller skates
les patins à roulettes

der Drachen
the kite
le cerf-volant

der Kletterturm
the jungle gym
la cage-aux-singes

das Karussell
the merry-go-round
le manège

fangen
tag
s'attraper

Ringe werfen
tossing the ring
le jeu d'anneaux

Seifenblasen machen
bubble blowing
faire des bulles de savon

das Reifenspiel
the hoop rolling
le cerceau

die Murmeln
the marbles
les billes

der Sandkasten
the sand pit
le bac à sable

die Drachenschnur
the kite string
la corde du cerf-volant

Ball spielen
bouncing ball
jouer à la balle

das Himmel-und Höllespiel
the hopscotch
la marelle

11

der Hammer
the hammer
le marteau

der Nagel
the nail
le clou

Werkzeug

Alle sind sehr fleißig, jeder mit
einem anderen Werkzeug. Einer
hat sein Werkzeug immer bei sich.
Erkennst du ihn? Er hat einen roten Schopf.

die Axt
the axe
la hache

eine Leiter
a ladder
une échelle

der Tischler
the carpenter
le menuisier

das Sandpapier
the sandpaper
le papier de verre

das Brett
the board
la planche

der Holzklotz
the log
la bûche

die Säge
the saw
la scie

das Sägemehl
the sawdust
la sciure de bois

der Hobel
the plane
le rabot

der Bohrer
the drill
le vilebrequin

der Specht
the woodpecker
le pivert

die Spannsäge
the jig saw
la scie à chantourner

die Hobelspäne
the wood shavings
les copeaux

die Zange
the pliers
la pince

eine Schraube
a screw
une vis

der Schraubenzieher
the screwdriver
le tournevis

die Bocksäge
the bowsaw
la scie à bûches

die Maurerkelle
the trowel
la truelle

der Maurer
the bricklayer
le maçon

eine Mörtelhacke
a hoe
une houe

der Mörtel
the cement
le mortier

der Ziegelstein
the brick
la brique

der Anstreicher
the painter
le peintre en bâtiment

die Malerbürste
the paint brush
la brosse

ein Bindfadenknäuel
a ball of twine
une pelote de ficelle

der Zollstock
the folding ruler
le mètre pliant

eine Reißzwecke
a tack
une punaise

die Farbe
the paint
la peinture

der Spachtel
the putty knife
le couteau à enduire

der Werkzeugkasten
the tool box
la boîte à outils

der Bolzen
the bolt
le boulon

der Zirkel
the compass
le compas

ein Beil
a hatchet
une hache

das Taschenmesser
the jackknife
le canif

der Engländer
the monkey wrench
la clef à molette

die Schaufel
the shovel
la pelle

die Erde
the earth
la terre

die Spitzhacke
the pick axe
la pioche

ein Winkelmaß
a square
une équerre

der Schubkarren
the wheelbarrow
la brouette

13

der Wetterhahn
the weather cock
la girouette

der Acker
the field
le champ

eine Vogelscheuche
a scarecrow
un épouvantail

eine Krähe
a crow
une corneille

der Pflug
the plough
la charrue

der Traktor
the tractor
le tracteur

das Silo
the silo
le silo

der Heuboden
the hayloft
le grenier
à foin

die Ziege
the goat
la chèvre

ein Stall
a stable
une étable

die Blechdose
the tin can
la boîte de conserve

die Milchkanne
the milk churn
le bidon de lait

ein Eimer
a pail
un seau

der Wagen
the car
le chariot

die Henne
the hen
la poule

der Hahn
the cock
le coq

das Küken
the baby chick
le poussin

der Lastwagen
the truck
la camionnette

der Schweinestall
the pigsty
la porcherie

der Maisspeicher
the corncrib
le magasin à maïs

14

der Heuhaufen
the haystack
le tas de foin

die Kuh
the cow
la vache

der Apfelbaum
the apple tree
le pommier

das Bauernhaus
the farmhouse
la ferme

die Pumpe
the water pump
la pompe

die Wiese
the meadow
le pré

der Zaun
the fence
la clôture

das Schaf
the sheep
le mouton

das Pferd
the horse
le cheval

der Apfel
the apple
la pomme

das Gras
the grass
l'herbe

die Wäscheleine
the clothes-line
la corde à linge

der Wäschekorb
the clothes-basket
le panier à linge

Auf dem Bauernhof

Der Bauer Bär hat einen schönen Hof. Was tut Frau Bär? Was tut das Pferd?
Was tut die Ente? Was soll die Vogelscheuche tun? Kann sie es?

der Hühnerstall
the chicken house
le poulailler

5 KM

eine Biene
a bee
une abeille

der Ziehbrunnen
the well
le puits à roue

die Ente
the duck
la cane

die Bienenstöcke
the beehives
les ruches

der Ententeich
the duck pond
la mare à canards

die Entenküken
the ducklings
les canetons

die Mistgabel
the pitchfork
la fourche

15

die Wetterinstrumente
the weather instruments
les appareils météorologiques

der Zeppelin
the blimp
le dirigeable

der Kontrollturm
the control tower
la tour de contrôle

das Mikrophon
the microphone
le microphone

ein Hubschrauber
a helicopter
un hélicoptère

Auf dem Flugplatz

Der Mann im Kontrollturm spricht ins Mikrophon.
Er sagt dem Piloten über Funk,
daß er auf seinem Flug gutes Wetter haben wird.

der Gepäckwagen
the baggage train
le chariot à bagages

der Warteraum
the waiting room
la salle d'attente

das Fernrohr
the binoculars
le téléscope

ein Photoapparat
a camera
un appareil photographique

die Aussichtsterrasse
the observation deck
la terrasse

ein Tourist
a tourist
un touriste

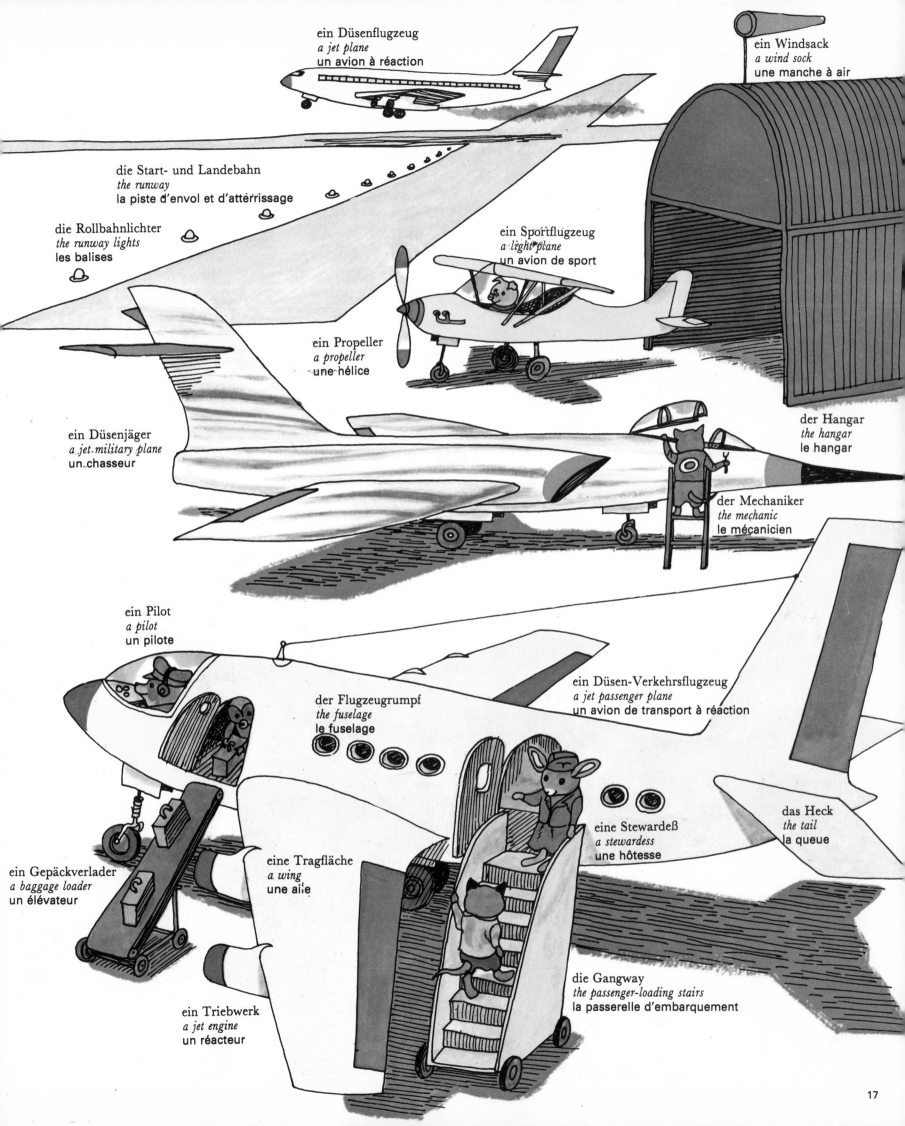

ein Düsenflugzeug
a jet plane
un avion à réaction

ein Windsack
a wind sock
une manche à air

die Start- und Landebahn
the runway
la piste d'envol et d'attèrrissage

ein Sportflugzeug
a light plane
un avion de sport

die Rollbahnlichter
the runway lights
les balises

ein Propeller
a propeller
une hélice

der Hangar
the hangar
le hangar

ein Düsenjäger
a jet military plane
un chasseur

der Mechaniker
the mechanic
le mécanicien

ein Pilot
a pilot
un pilote

ein Düsen-Verkehrsflugzeug
a jet passenger plane
un avion de transport à réaction

der Flugzeugrumpf
the fuselage
le fuselage

das Heck
the tail
la queue

eine Stewardeß
a stewardess
une hôtesse

ein Gepäckverlader
a baggage loader
un élévateur

eine Tragfläche
a wing
une aile

die Gangway
the passenger-loading stairs
la passerelle d'embarquement

ein Triebwerk
a jet engine
un réacteur

17

Spielzeug

Beim Spielen kann man gewinnen oder verlieren. Bärchen ist ein guter Verlierer. Vielleicht gewinnt er das nächste Mal, meinst du nicht auch?

ein Teddybär
a teddy bear
un ours en peluche

das Dreirad
the tricycle
le tricycle

die elektrische Eisenbahn
the electric train
le train électrique

die Puppe
the doll
la poupée

die Holzklötzchen
the blocks
les cubes

der Lastwagen und der Auflader
the lorry and the loader
le camion et l'élévateur

Das Bärchen verliert.
The bear is losing.
L'ourson perd.

Bauelemente
building set
jeu de construction

ein Spiel
a game
un jeu

Das Häschen gewinnt.
The rabbit is winning.
Le petit lapin gagne.

die Burg
the castle
le fort

die Spielzeugsoldaten
the toy soldiers
les soldats de plomb

das Krocket
the croquet
le croquet

das Teeservice
the tea set
le service à thé

ein Rennwagen
a racing car
une voiture de course

das Puppenhaus
the doll's house
la maison de poupée

das Schaukelpferd
the rocking horse
le cheval à bascule

das Segelflugzeug
the glider
le planeur

der Roller
the scooter
la trottinette

Pfeil und Bogen
bow and arrow
arc et flèche

Im Blumengarten

der Wurm
the worm
le ver

ein Vogel
a bird
un oiseau

das Vogelhäuschen
the birdhouse
la volière

die Ringelblume
the marygold
le souci

Die Hasen lieben ihre Blumen sehr. Sie spritzen sie gegen Ungeziefer und gießen sie, damit sie schön wachsen und blühen. Welche Blume gefällt dir am besten?

die Rose
the rose
la rose

der Frauenschuh
the lady's-slipper
le sabot de Vénus

die Wegwarte
the chicory
la chicorée sauvage

die Margerite
the daisy
la pâquerette

der Sämling
the seedling
le jeune plant

eine Biene
a bee
une abeille

die Butterblumen
the buttercups
les boutons-d'or

die Tulpe
the tulip
la tulipe

die Distel
the thistle
le chardon

der Klee
the clover
le trèfle

die Erdbeere
the strawberry
le fraisier

der Samen
the seed
la graine

die Osterglocke
the daffodil
la jonquille

die Narzisse
the narcissus
le narcisse

der Krokus
the crocus
le crocus

der Löwenzahn
the dandelion
le pissenlit

das Veilchen
the violet
la violette

20

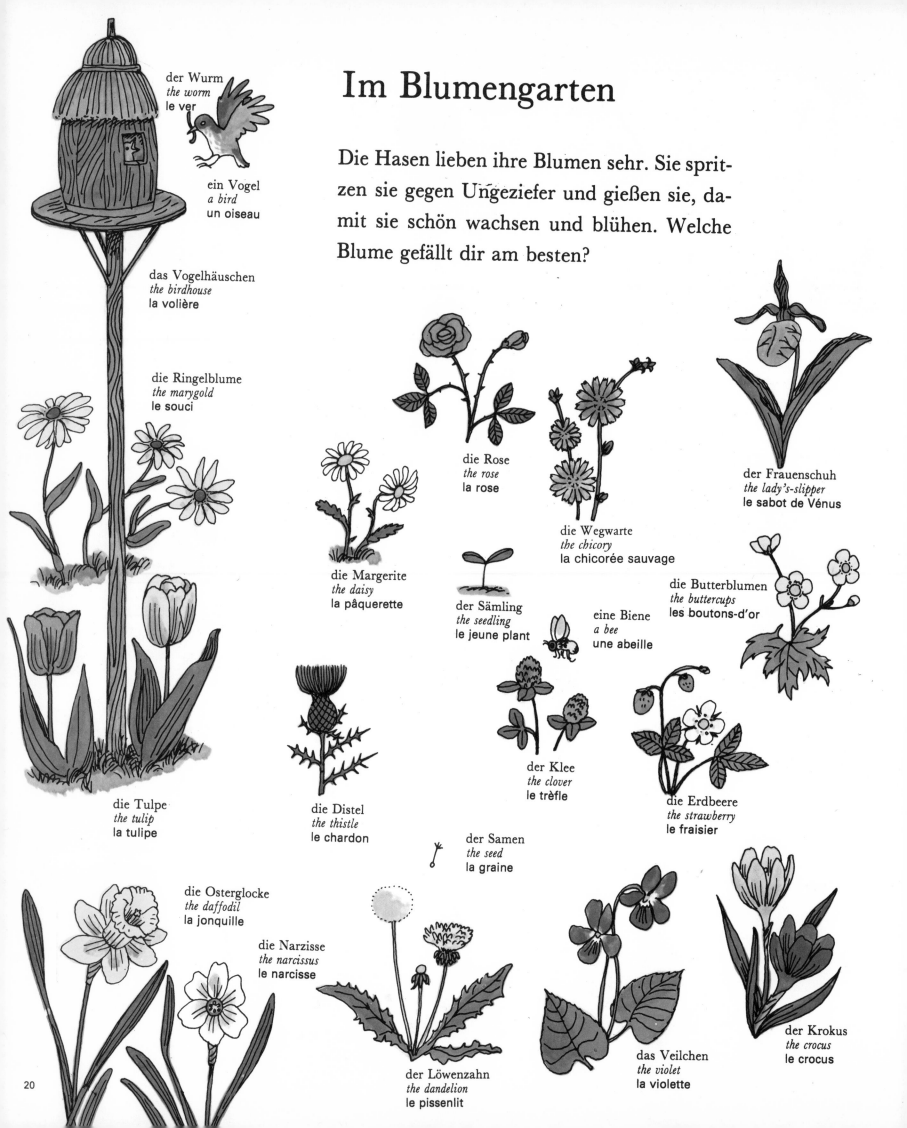

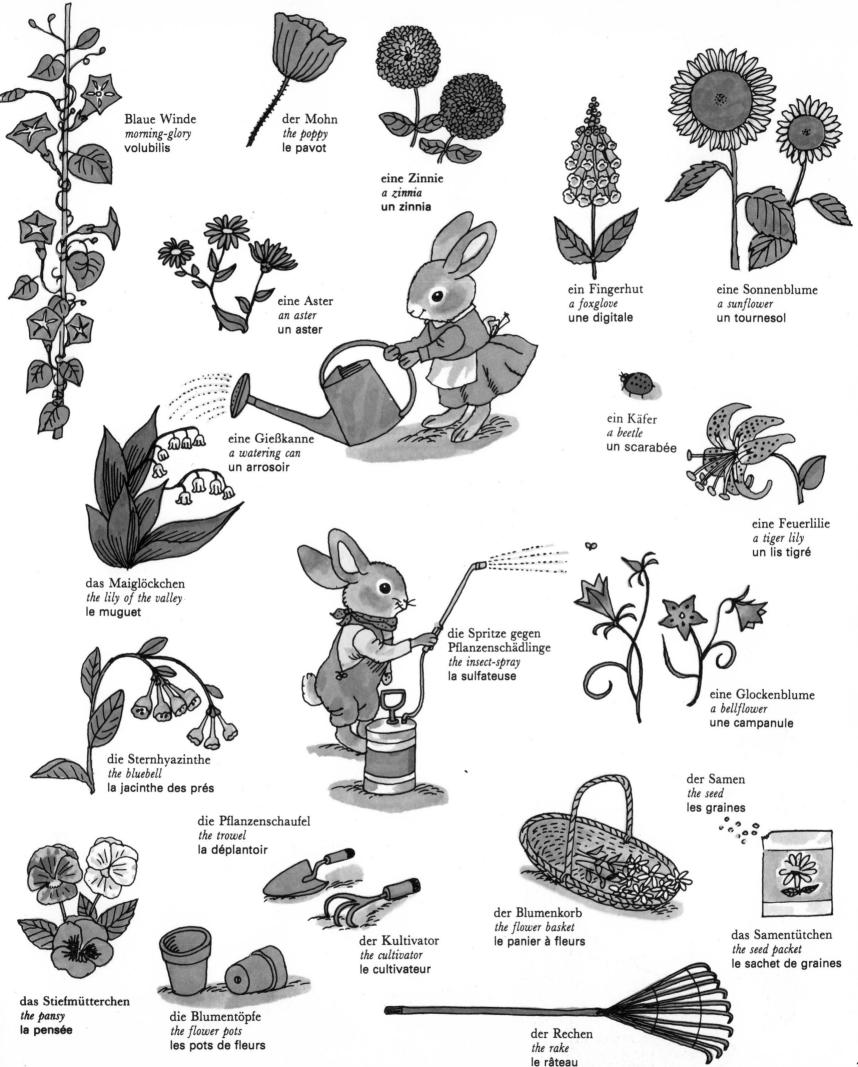

Blaue Winde
morning-glory
volubilis

der Mohn
the poppy
le pavot

eine Zinnie
a zinnia
un zinnia

ein Fingerhut
a foxglove
une digitale

eine Sonnenblume
a sunflower
un tournesol

eine Aster
an aster
un aster

eine Gießkanne
a watering can
un arrosoir

ein Käfer
a beetle
un scarabée

eine Feuerlilie
a tiger lily
un lis tigré

das Maiglöckchen
the lily of the valley
le muguet

die Spritze gegen
Pflanzenschädlinge
the insect-spray
la sulfateuse

eine Glockenblume
a bellflower
une campanule

die Sternhyazinthe
the bluebell
la jacinthe des prés

der Samen
the seed
les graines

die Pflanzenschaufel
the trowel
la déplantoir

der Blumenkorb
the flower basket
le panier à fleurs

das Stiefmütterchen
the pansy
la pensée

die Blumentöpfe
the flower pots
les pots de fleurs

der Kultivator
the cultivator
le cultivateur

das Samentütchen
the seed packet
le sachet de graines

der Rechen
the rake
le râteau

21

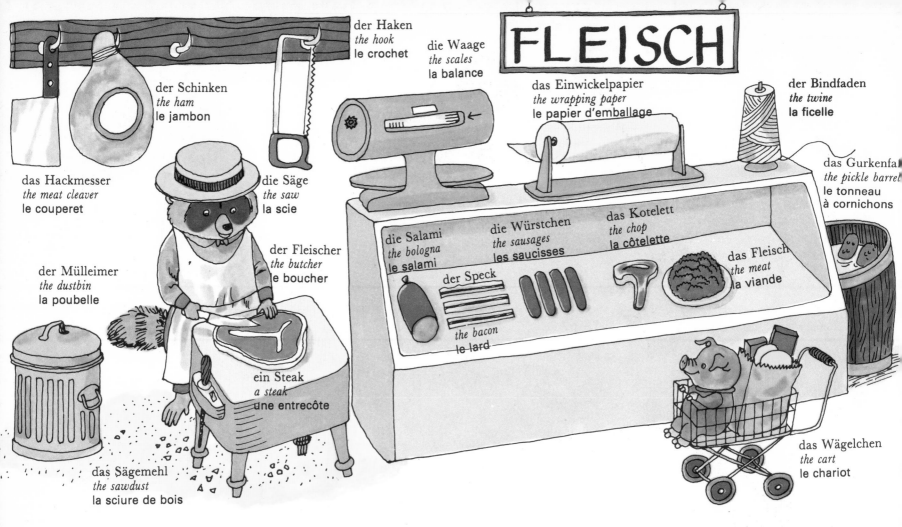

der Haken
the hook
le crochet

die Waage
the scales
la balance

FLEISCH

das Einwickelpapier
the wrapping paper
le papier d'emballage

der Bindfaden
the twine
la ficelle

der Schinken
the ham
le jambon

das Hackmesser
the meat cleaver
le couperet

die Säge
the saw
la scie

der Fleischer
the butcher
le boucher

der Mülleimer
the dustbin
la poubelle

die Salami
the bologna
le salami

die Würstchen
the sausages
les saucisses

das Kotelett
the chop
la côtelette

der Speck
the bacon
le lard

das Fleisch
the meat
la viande

das Gurkenfa[...]
the pickle barrel
le tonneau
à cornichons

ein Steak
a steak
une entrecôte

das Sägemehl
the sawdust
la sciure de bois

das Wägelchen
the cart
le chariot

Der Supermarkt

Frau Schwein kauft im Supermarkt ein.
Was würdest du dort kaufen?
Vielleicht eine saure Gurke?

Bücher
books
die livres

HAPPY BÜCHER

eine Kundin
a customer
une cliente

der Orangensaft
the orange juice
le jus d'orange

die Milch
the milk
le lait

die Rosinen
the raisins
les raisins
secs

Geld
money
argent

die Handtasche
the handbag
le sac à main

ein Eis
an ice cream
une glace

die Eier
the eggs
les oeufs

die Butter
the butter
le beurre

die Kassiererin
the cashier
la caissière

die Registrierkasse
the cash register
la caisse
enregistreuse

FRÜCHTE

eine Ananas
a pineapple
un ananas

die Bananen
the bananas
les bananes

ein Lebensmittelhändler
a grocer
un épicier

die Äpfel
the apples
les pommes

die Orangen
the oranges
les oranges

die Birnen
the pears
les poires

die Grapefruits
the grapefruits
les pamplemousses

die Waage
the scales
la balance

die Melonen
the melons
les melons

die Weintrauben
the grapes
les raisins

die Zitronen
the lemons
les citrons

die Kirschen
the cherries
les cerises

die Erdbeeren
the strawberries
les fraises

die Himbeeren
the raspberries
les framboises

die Heidelbeeren
the bilberries
les myrtilles

die Pflaumen
the plums
les prunes

GEMÜSE

die Pfirsiche
the peaches
les pêches

ein Maiskolben
a corn-cob
un épi de maïs

die Bohnen
the beans
les haricots verts

die Tomaten
the tomatoes
les tomates

der Kürbis
the pumpkin
le potiron

der Salat
the lettuce
la laitue

die Erbsen
the peas
les petits pois

die Wassermelone
the watermelon
la pastèque

der Spargel
the asparagus
les asperges

die Kartoffeln
the potatoes
les pommes de terre

der Kohl
the cabbage
le chou

der Spinach
the spinach
les épinards

die Kokosnuß
the coconut
la noix de coco

der Staudensellerie
the celery
le céleri

die Zwiebeln
the onions
les oignons

die roten Rüben
the beets
les betteraves

der Flaschenkürbis
the squash
la calebasse

die Mohrrüben
the carrots
les carottes

die Gurken
the cucumbers
les concombres

der Blumenkohl
the cauliflower
le chou-fleur

die Kekse
the biscuits
les biscuits

der Zucker
the sugar
le sucre

die Getreideflocken
the cereal
les flocons d'avoine

die Spaghetti
the spaghetti
les spaghetti

eine weiße Rübe
a turnip
un navet

ein Besen
a broom
un balai

die Konserven
the tinned food
les conserves

die Erdnußbutter
the peanut butter
le beurre de cacahouètes

die Marmelade
the jam
la confiture

der Käse
the cheese
le fromage

das Salz
the salt
le sel

die getrockneten Aprikosen
the dried apricots
les abricots secs

Babynahrung
baby food
aliments pour bébé

das Brot
the bread
le pain

23

das Tranchierbesteck
the carving knife and fork
le couteau et la fourchette à découper

Guten Appetit!

Vater Schwein, Mutter Schwein und
Peter Schwein essen gern etwas Gute
Vor lauter Essen auf dem Tisch
ist Peter kaum zu sehen. Siehst du
ihn vielleicht doch?

das Roastbeef
the roast beef
le rôti

die Fleischplatte
the meat platter
le plat à viande

der Eßlöffel
the tablespoon
la cuiller

die Kaffeekanne
the coffee pot
la cafetière

die Teekanne
the teapot
la théière

das Salz
the salt
le sel

der Pfeffer
the pepper
le poivre

die Gabel
the fork
la fourchette

ein flacher Teller
a dinner plate
une assiette plate

das Glas
the glass
le verre

das Sahnekännchen
the cream jug
le pot à crème

das Messer
the knife
le couteau

der Löffel
the spoon
la cuiller

die Untertasse
the saucer
la soucoupe

die Serviette
the napkin
la serviette

die Zuckerdose
the sugar bowl
le sucrier

der Truthahn
the turkey
le dindon

der Kuchen
the cake
le gâteau

die Milchkanne
the milk jug
le pot à lait

in der Schale gebackene
Kartoffeln
baked potatoes
des pommes de terre
au four

die grünen Bohnen
the green beans
les haricots verts

der Pudding
the pudding
le flan

das Preiselbeergelee
the cranberry jelly
la gelée d'airelles

die roten Rüben
the beetroots
les betteraves

die Zwiebeln
the onions
les oignons

der Kartoffelbrei
the mashed potatoes
la purée de pommes
de terre

das Eis
the ice cream
la glace

die Erbsen
the peas
les petits pois

die Butter
the butter
le beurre

ein Steak
a steak
une entrecôte

die Suppe
the soup
le potage

der Auflauf
the pie
la tarte

der Salat
the salad
la salade

das Roggenbrot
the rye bread
le pain de seigle

das Weißbrot
the white bread
le pain blanc

die Semmeln
the rolls
les petits pains

der Schornstein
the smokestack
la cheminée

das Unterseeboot
the submarine
le sous-marin

der Bug
the bow
la proue

das Heck
the stern
la poupe

der Ozeandampfer
the ocean liner
le transatlantique

der Schleppkahn
the barge
le chaland

der Schlepper
the tug
le remorqueur

die Fähre
the ferry boat
le bac

das Piratenschiff
the pirate ship
le navire corsaire

Boote und Schiffe

Was schwimmt hier im Wasser und ist doch kein Schiff? Aber es hilft den Schiffen, den richtigen Weg zu finden.

das Motorboot
the motor boat
le canot à moteur

das Paddel
the paddle
la pagaie

das Kanu
the canoe
le canoë

das Ruderboot
the rowingboat
la barque à rames

der Kajak
the kayak
le kayak

das Ruder
the oar
la rame

der Frachter
the freighter
le cargo

das Feuerschiff
the light ship
le bateau-feu

AMBROSE

CG-7

das Küstenwachschiff
the coast-guard ship
le garde-côte

die Fischernetze
the fishing nets
les filets de pêche

der Tanker
the oil tanker
le pétrolier

das Feuerlöschboot
the fireboat
le bateau-pompe

der Fischereidampfer
the fishing trawler
le chalutier

ein Motorboot für Sportfischer
a sport fishing boat
un yacht de pêche

ein Rennboot
a speedboat
un hors-bord

das Hausboot
the houseboat
le bateau-maison

das Floß
the raft
le radeau

GRETEL

das Segelboot
the yacht
le voilier

die Leuchtboje
the lightbuoy
la balise

Die Bärenzwillinge ziehen sich an

Der kleine Bär wachte an einem kalten Morgen auf,
wo man sich schön warm anziehen muß, bevor man ins Freie geht.
Er gähnte und stieg aus dem Bett.
Er zog seinen Pyjama aus und ließ
ihn auf dem Fußboden liegen.
Ungezogener Bär!

die Pyjamahose
the pyjama bottom

die Pyjamajacke
the pyjama top
la veste de pyjama

la culotte
de pyjama

die Hausschuhe
the slippers
les pantoufles

die Unterwäsche
the underwear
les sous-vêtements

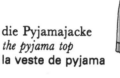

eine Mütze
a cap
une casquette

ein Hemd
a shirt
une chemise

eine Hose
a pair of trousers
une culotte

ein Overall
a pair of overalls
une salopette

Dann zog er an:
Now he dressed himself up with:
Ensuite, il mettait:

eine Krawatte
a tie
une cravatte

ein Pullover
a sweater
un chandail

die Socken
the socks
les chaussettes

eine Kappe
a cap
un bonnet

ein Schal
a muffler
une écharpe

die Turnschuhe
the plimsolls
les souliers
de tennis

die Handschuhe
the gloves
les gants

eine Jacke
a jacket
un blouson

ein Mantel
an overcoat
un manteau

ein Regenmantel
a raincoat
un imperméable

und ein Regenhut
and a rainhat
et un suroît

Als er hinausgehen wollte, rief seine Mutter:
„Vergiß nicht, deine Stiefel anzuziehen!"
When he wanted to leave, his mother called:
„Do not forget to put on your boots!"
Au moment où il sortait, sa mère le rappelait:
„N'oublie pas de mettre tes bottes!"

die Stiefel
the boots
les bottes

28

Das kleine Bärenmädchen stand auch auf. Sie zog ihr hübsches Nachthemd aus und legte es ordentlich hin. Braves Bärenkind!

das Nachthemd
the nightgown
la chemise de nuit

der Unterrock
the petticoat
la combinaison

Dann zog sie an:
Now she dressed herself up with:
Ensuite, elle mettait:

das Höschen
the panties
la culotte

eine Haarschleife
a hair ribbon
un ruban

eine Bluse
a blouse
un chemisier

ein Rock
a skirt
une jupe

eine Kinderschürze
a pinaflore
un tablier

die Strümpfe
the stockings
les chaussettes

die Ohrenschützer
the ear muffs
les oreillettes

die Schuhe
the shoes
les souliers

ein Anorak
an anorak
un anorak

ein Rodelanzug
a snow suit
un survêtement

und Fäustlinge.
and mittens.
et des moufles.

Sie steckte ihr Taschentuch
She put her handkerchief
Elle mettait son mouchoir

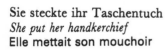

und ihr Portemonnaie
and her purse
et son porte-monnaie

in ihre Handtasche.
in her handbag.
dans son sac.

Als sie hinausgehen wollte, rief ihre Mutter:
„Vergiß nicht, die Stiefel anzuziehen!"
When she wanted to leave, her mother called:
„Do not forget to put on your boots!"
Au moment où elle sortait, sa mère la rappelait:
„N'oublie pas de mettre tes bottes!"

der Hirsch
the deer
le cerf

der Löwe
the lion
le lion

ein Elefant
an elephant
un éléphant

der Tiger
the tiger
le tigre

der Bambusbär
the panda
le panda

die Affen
the monkeys
les singes

der Gorilla
the gorilla
le gorille

ein Eisbär
a polar bear
un ours polaire

ein Braunbär
a brown bear
un ours brun

der Büffel
the buffalo
le buffle

das Kamel
the camel
le chameau

die Giraffe
the giraffe
la girafe

das Zebra
the zebra
le zèbre

der Zoowärter
the zoo keeper
le gardien

der Leopard
the leopard
le léopard

der Seelöwe
the sea lion
l'otarie

die Kindereisenbahn
the children's train
le train pour enfants

Im Zoo

Herr und Frau Maus gehen mit ihren
Kindern in den Zoo. Wie wollen die
Kinder all die vielen Luftballons
zu Hause unterbringen? Welches Tier
im Zoo magst du am liebsten?

das Nashorn
the rhinoceros
le rhinocéros

ein Nilpferd
a hippopotamus
un hippopotame

31

Zeichnen und Malen

Zeichnen und Malen machen Spaß.
Kannst du ein Riesenrad zeichnen?

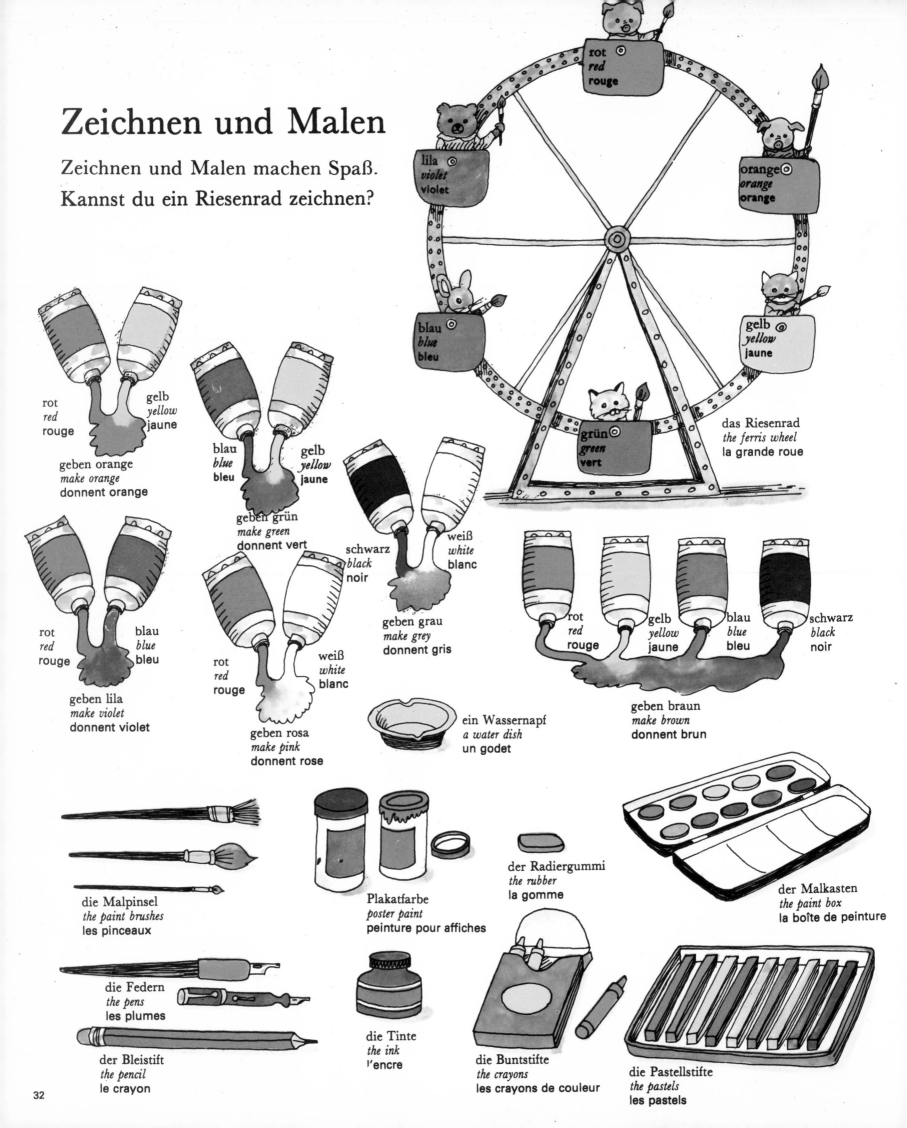

rot
red
rouge

gelb
yellow
jaune

geben orange
make orange
donnent orange

blau
blue
bleu

gelb
yellow
jaune

geben grün
make green
donnent vert

schwarz
black
noir

weiß
white
blanc

geben grau
make grey
donnent gris

rot
red
rouge

blau
blue
bleu

geben lila
make violet
donnent violet

rot
red
rouge

weiß
white
blanc

geben rosa
make pink
donnent rose

ein Wassernapf
a water dish
un godet

rot
red
rouge

gelb
yellow
jaune

blau
blue
bleu

schwarz
black
noir

geben braun
make brown
donnent brun

lila
violet
violet

rot
red
rouge

orange
orange
orange

blau
blue
bleu

gelb
yellow
jaune

grün
green
vert

das Riesenrad
the ferris wheel
la grande roue

die Malpinsel
the paint brushes
les pinceaux

Plakatfarbe
poster paint
peinture pour affiches

der Radiergummi
the rubber
la gomme

der Malkasten
the paint box
la boîte de peinture

die Federn
the pens
les plumes

die Tinte
the ink
l'encre

die Buntstifte
the crayons
les crayons de couleur

die Pastellstifte
the pastels
les pastels

der Bleistift
the pencil
le crayon

ein Dinosaurier
a dinosaur
un dinosaure

ein Künstler
an artist
un artiste

eine Wandmalerei
a mural painting
une fresque

ein Gerüst
a scaffold
un échafaudage

ein Plakat
a poster
une affiche

DELPHIN BÜCHER

eine Pastellskizze
a pastel sketch
une esquisse au pastel

ein Stilleben
a still life
une nature morte

eine Leinwand
a canvas
une toile

ein Ölgemälde
an oil painting
une peinture
à l'huile

eine Palette
a palette
une palette

ein Zeichenblock
a pad of paper
un bloc de papier

ein Modell
a life model
un modèle

ein Malerkittel
a smock
une blouse
de peintre

Aquarell
watercolour painting
aquarelle

das Papier
the paper
le papier

eine Bleistiftzeichnung
a pencil drawing
un dessin au crayon

33

Zahlen

Wie weit kannst du zählen?
Kannst du zwanzig
Marienkäfer zählen?
Sicher kannst du das!

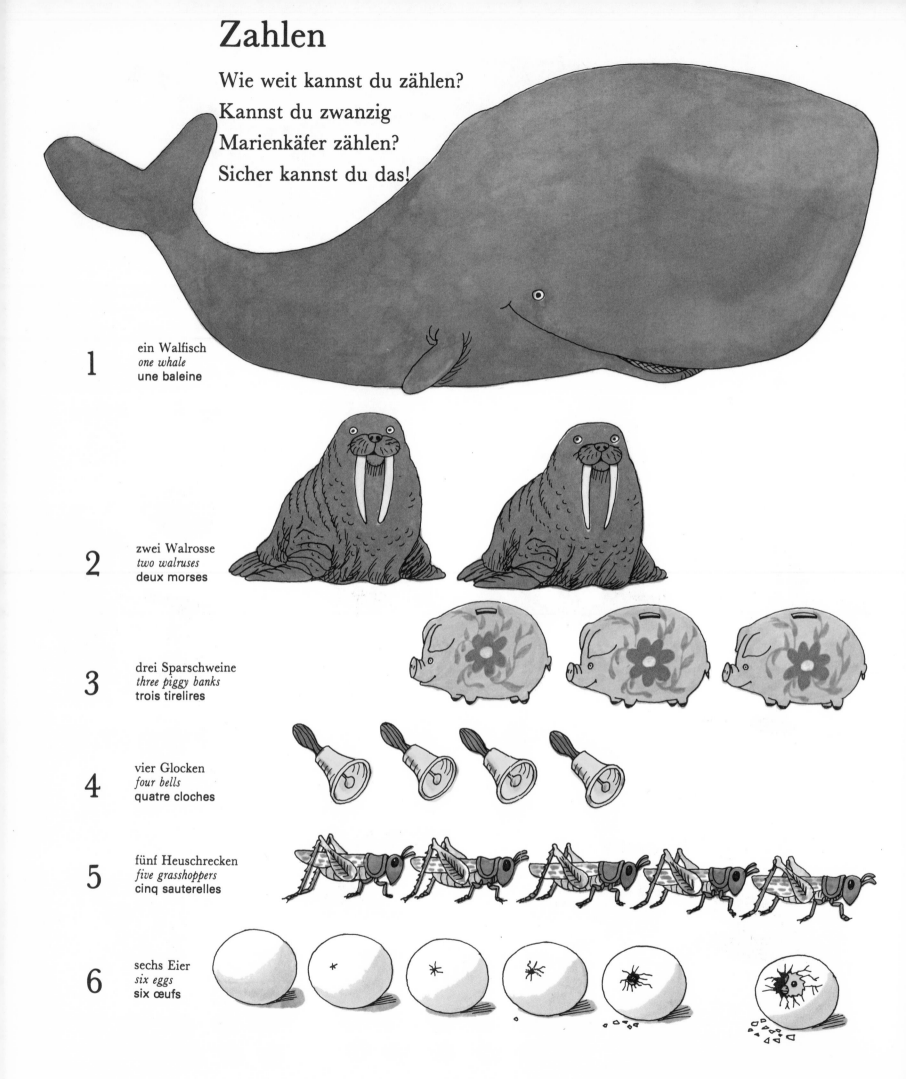

1 ein Walfisch
one whale
une baleine

2 zwei Walrosse
two walruses
deux morses

3 drei Sparschweine
three piggy banks
trois tirelires

4 vier Glocken
four bells
quatre cloches

5 fünf Heuschrecken
five grasshoppers
cinq sauterelles

6 sechs Eier
six eggs
six œufs

7
sieben Raupen
seven caterpillars
sept chenilles

8
acht Garnrollen
eight spools
huit bobines

9
neun Spinnen
nine spiders
neuf araignées

10
zehn Schlüssel
ten keys
dix clefs

11
elf Ameisen
eleven ants
onze fourmis

12
zwölf Ringe
twelve rings
douze bagues

13
dreizehn Gummibonbons
thirteen gumdrops
treize boules de gomme

14
vierzehn Blätter
fourteen leaves
quatorze feuilles

15
fünfzehn Schneeflocken
fifteen snowflakes
quinze flocons de neige

16
sechzehn Eicheln
sixteen acorns
seize glands

17
siebzehn Sicherheitsnadeln
seventeen safety pins
dix-sept épingles de sûreté

18
achtzehn Knöpfe
eighteen buttons
dix-huit boutons

19
neunzehn Perlen
nineteen beads
dix-neuf perles

20
zwanzig Marienkäfer
twenty ladybirds
vingt coccinelles

Wir machen Musik

Der Dirigent leitet das Orchester mit dem Taktstock. Die Musiker spielen ein lustiges Stück. Welches Instrument möchtest du spielen?

ein Kontrabaß
a double bass
une contrebasse

ein Cello
a cello
un violoncelle

ein Fagott
a bassoon
un basson

eine Oboe
an oboe
un hautbois

eine Klarinette
a clarinet
une clarinette

eine Flöte
a flute
une flûte

die Violine
the violin
le violon

eine Pikkoloflöte
a piccolo
un piccolo

der Taktstock
the baton
le bâton de chef d'orchestre

eine Bratsche
a viola
un alto

der Flügel
the concert grand
le piano à queue

der Dirigent
the conductor
le chef d'orchestre

ein Pult
a podium
un pupitre

die Noten
the notes
les notes

die Kesselpauken
the kettle drums
les timbales

die Trommel
the snare drum
le tambour

die Pauke
the bass drum
la grosse caisse

die Becken
the cymbals
les cymbales

der Triangel
the triangle
le triangle

das Saxophon
the saxophone
le saxophone

das Waldhorn
the French horn
le cor d'harmonie

die Trompete
the trumpet
la trompette

die Tuba
the tuba
le tuba

das Kornett
the cornet
le cornet à pistons

das Tamburin
the tambourine
le tambourin

die Posaune
the trombone
le trombone

das Banjo
the banjo
le banjo

die Gitarre
the guitar
la guitare

eine Harfe
a harp
une harpe

eine Mundharmonika
a harmonica
un harmonica

Kamm
und Seidenpapier
*comb and
tissue paper*
peigne et
papier de soie

eine Ziehharmonika
an accordion
un accordéon

37

ein Wolkenkratzer
a skyscraper
un gratte-ciel

eine Antenne
an aerial
une antenne

ein Verleger
a publisher
un éditeur

VERLAG

Kostümverleih

eine Kirche
a church
une église

ZEITUNGS REDAKTION

Ballett-Schule

Buchhandlung

APOTHEKE

Wohnungen
flats
des appartements

eine Telefonzelle
a telephone box
une cabine téléphonique

die Verkehrsampel
the traffic light
le feu de circulation

die Straße
the street
la rue

In der Stadt

Die Maus hat in der Buchhandlung ein Buch gekauft und holt sich jetzt eine Zeitung.
Dann trifft sie sich mit ihren Hasenfreunden im Café, wo sie Limonade trinken
wollen. Zeig mit dem Finger den Weg, den sie gehen muß, und paß auf, daß sie nach
links und nach rechts schaut, bevor sie die Straße überquert.

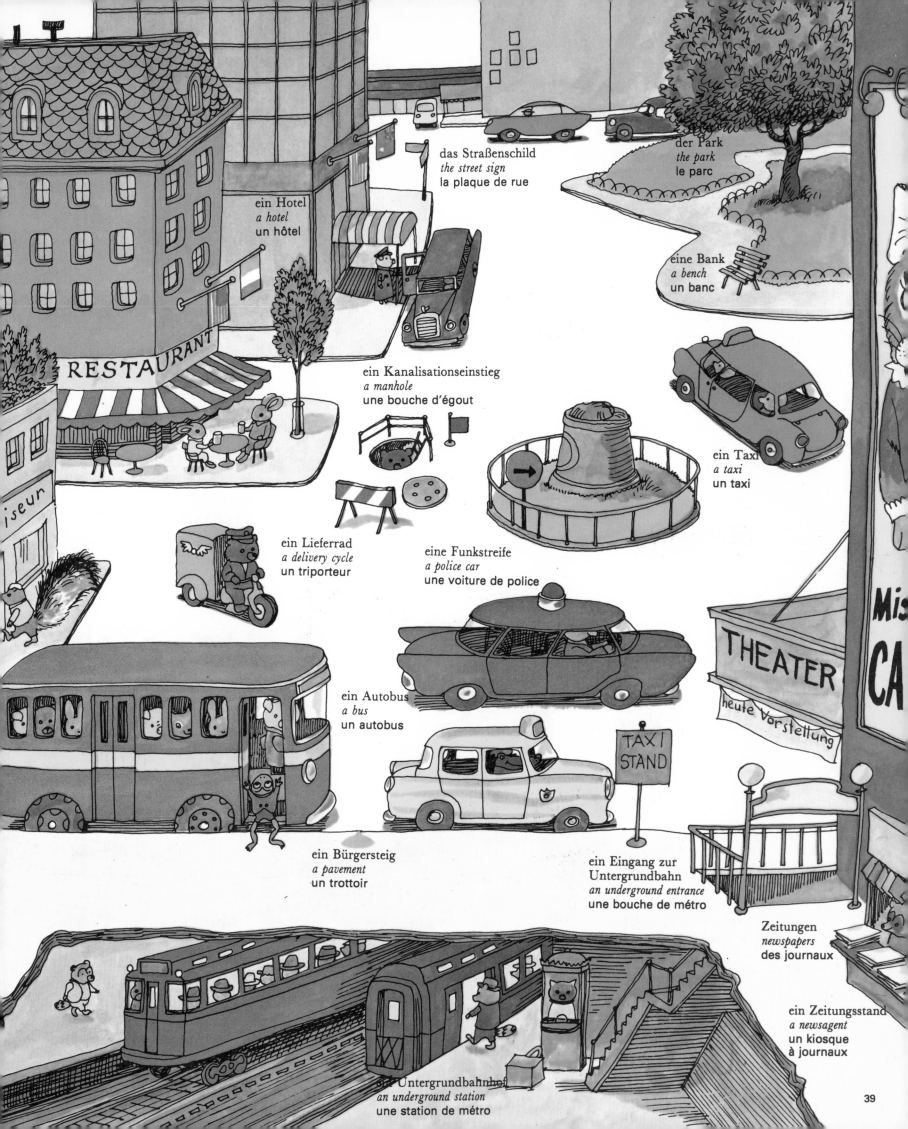

das Straßenschild
the street sign
la plaque de rue

der Park
the park
le parc

ein Hotel
a hotel
un hôtel

eine Bank
a bench
un banc

RESTAURANT

ein Kanalisationseinstieg
a manhole
une bouche d'égout

ein Taxi
a taxi
un taxi

iseur

ein Lieferrad
a delivery cycle
un triporteur

eine Funkstreife
a police car
une voiture de police

THEATER

heute Vorstellung

Mis
CA

TAXI
STAND

ein Autobus
a bus
un autobus

ein Bürgersteig
a pavement
un trottoir

ein Eingang zur
Untergrundbahn
an underground entrance
une bouche de métro

Zeitungen
newspapers
des journaux

ein Zeitungsstand
a newsagent
un kiosque
à journaux

Untergrundbahnhof
an underground station
une station de métro

39

Ein Ausflug aufs Land

Bei einem Ausflug gibt es viel zu sehen.
Hast du gemerkt, was dem Bergsteiger
aus seinem Rucksack gefallen ist?

ein Funkturm
a radio tower
un relais de
radiodiffusion

das Meer
the ocean
la mer

eine Insel
an island
une île

eine Fabrik
a factory
une usine

eine Tankstelle
a petrol station
une station-service

der See
the lake
le lac

der Tunnel
the tunnel
le tunnel

Zapfsäule
petrol pump
pompe à essence

die Autobahn
the motorway
l'autoroute

ein Bauernhof
a farm
une ferme

eine Brücke
a bridge
un pont

der Bach
the brook
le ruisseau

eine Mühle
a mill
un moulin

ein Wasserfall
a waterfall
une chute d'eau

40

der Leuchtturm
the lighthouse
le phare

die Bucht
the bay
la baie

der Strand
the beach
la plage

ein Kran
a crane
une grue

der Hochsitz
the stand
l'affût

Bäume
trees
des arbres

die Zugbrücke
the drawbridge
le pont basculant

der Hafen
the harbour
le port

der Hügel
the hill
la colline

der Berg
the mountain
la montagne

ein Windrad
a windmill
une éolienne

das Dorf
the village
le village

der Strom
the stream
le fleuve

ein Teich
a pond
un étang

ein Fluß
a river
une rivière

das Blockhaus   *the log cabin*
la maison en bois

ein Bergsteiger
a mountain climber
un alpiniste

die Landstraße
the road
la route

der Wald
the forest
la forêt

die Felswand
the cliff
la paroi rocheuse

ein Rucksack
a knapsack
un sac à dos

ein Apfel
an apple
une pomme

In der Schule

In der Schule ist es schön. Dort kann man vieles lernen. Gehst du gern zur Schule?

ein Bleistift
a pencil
un crayon

ein Füllfederhalter
a fountain-pen
un stylo

ein Kugelschreiber
a ball-point pen
un stylo à bille

ein Bleistiftspitzer
a pencil sharpener
un taille-crayon

die Kreide
the chalk
la craie

ein Notizbuch
a notebook
un carnet de notes

Papier
paper
des papiers

die Tinte
the ink
l'encre

ein Tafelreiniger
a blackboard rubber
une éponge

ein Radiergummi
an eraser
une gomme

die Schere
a pair of scissors
une paire de ciseaux

der Bindfaden
the string
la ficelle

ein Garn
a yarn
un fil

eine Büroklammer
a paper clip
un trombone

der Leim
the glue
la colle

ein Heft
an exercise book
un cahier

ein Lesebuch
a storybook
un livre de lecture

die Reißnägel
the drawing pins
les punaises

das Plastilin
the modelling clay
la pâte à modeler

Fundsachen in der Schublade
the lost-clothing drawer
le tiroir aux objets perdus

die Uhr
the clock
la pendule

die Klingel
the bell
la sonnette

die Tafel
the blackboard
le tableau noir

ein Lehrer / eine Lehrerin
a teacher
un instituteur / une institutrice

der Kalender
the calendar
le calendrier

JANUAR

			1	2	3	4
5	6	7	8	9	10	11
12	13	14	15	16	17	18
19	20	21	22	23	24	25
26	27	28	29	30	31	

die Landkarte
the map
la carte

der Landkartenständer
the map stand
le support

das Tintenfaß
the inkwell
l'encrier

ein Papierkorb
a waste-paper basket
une corbeille à papier

der Schreibtisch
the desk
le bureau

eine Schülerin / ein Schüler
a pupil
une élève / un élève

das Klassenzimmer
the classroom
la salle de classe

der Rektor
the headmaster
le directeur

die Papierpuppen
the paper dolls
les poupées de papier

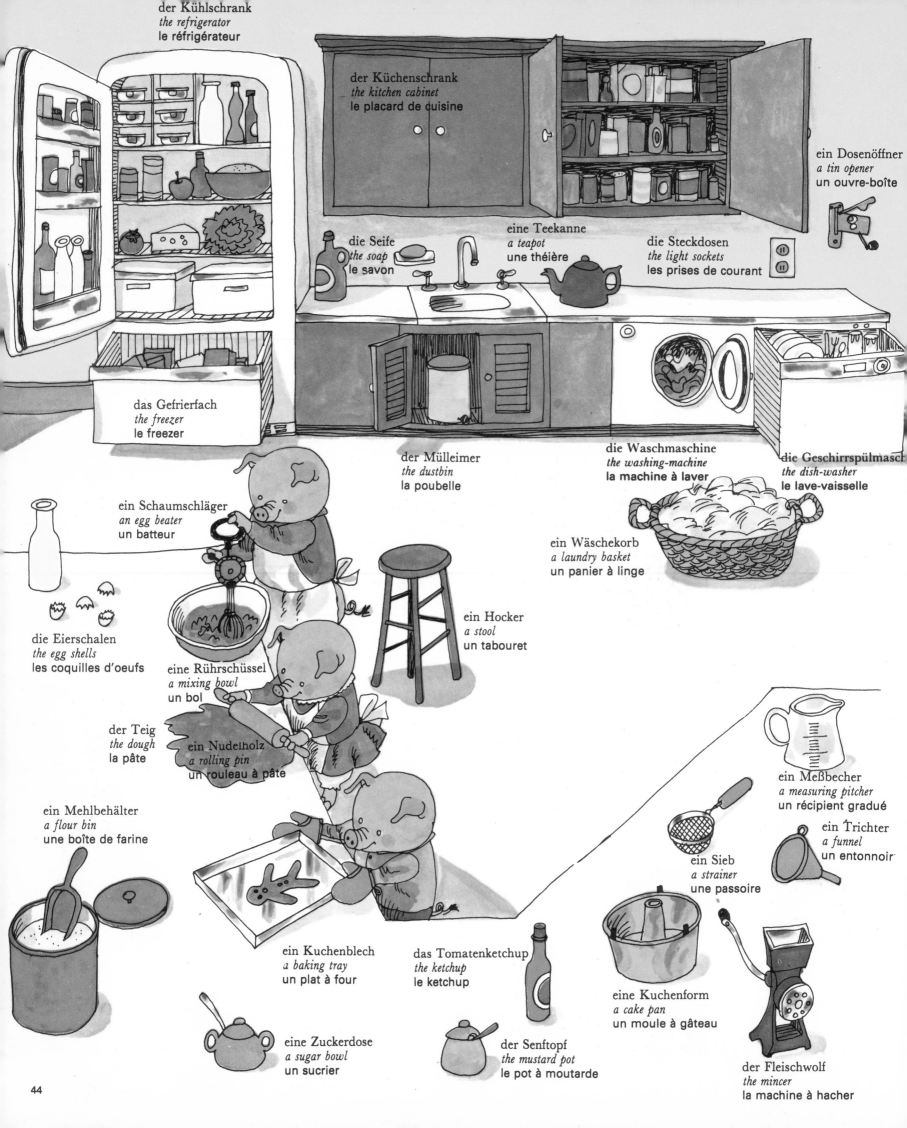

der Kühlschrank
the refrigerator
le réfrigérateur

der Küchenschrank
the kitchen cabinet
le placard de cuisine

ein Dosenöffner
a tin opener
un ouvre-boîte

die Seife
the soap
le savon

eine Teekanne
a teapot
une théière

die Steckdosen
the light sockets
les prises de courant

das Gefrierfach
the freezer
le freezer

der Mülleimer
the dustbin
la poubelle

die Waschmaschine
the washing-machine
la machine à laver

die Geschirrspülmasch
the dish-washer
le lave-vaisselle

ein Schaumschläger
an egg beater
un batteur

ein Wäschekorb
a laundry basket
un panier à linge

die Eierschalen
the egg shells
les coquilles d'oeufs

eine Rührschüssel
a mixing bowl
un bol

ein Hocker
a stool
un tabouret

der Teig
the dough
la pâte

ein Nudelholz
a rolling pin
un rouleau à pâte

ein Meßbecher
a measuring pitcher
un récipient gradué

ein Mehlbehälter
a flour bin
une boîte de farine

ein Trichter
a funnel
un entonnoir

ein Sieb
a strainer
une passoire

ein Kuchenblech
a baking tray
un plat à four

das Tomatenketchup
the ketchup
le ketchup

eine Kuchenform
a cake pan
un moule à gâteau

eine Zuckerdose
a sugar bowl
un sucrier

der Senftopf
the mustard pot
le pot à moutarde

der Fleischwolf
the mincer
la machine à hacher

44

der Besenschrank
the broom cupboard
l'armoire à balais

der Staubwedel
the feather duster
le plumeau

die Kehrschaufel
the dust pan
la pelle à poussière

der Mop
the mop
le balai à franges

der Besen
the broom
le balai

ein Staubsauger
a vacuum cleaner
un aspirateur

ein Küchenbord
a shelf
une étagère

eine Eieruhr
an egg timer
un sablier

die Kaffeekanne
the coffee pot
la cafetière

der Wasserkessel
the kettle
la bouilloire

der Herd
the stove
le fourneau

der Backofen
the oven
le four

das Bügeleisen
the iron
le fer à repasser

das Bügelbrett
the ironing board
la planche à repasser

In der Küche

Drei kleine Schweinchen helfen ihrer Mutter beim Backen. Was schiebt die Mutter in den Ofen?

ein Teelöffel
a teaspoon
une petite cuiller

ein Eßlöffel
a tablespoon
une cuiller

ein Mixgerät
a blender
un mixer

der Toaster
the toaster
le grille-pain

ein Korkenzieher
a corkscrew
un tire-bouchon

ein Kochtopf
a saucepan
une casserole

eine Schöpfkelle
a ladle
une louche

die Streichhölzer
the matches
les allumettes

der Durchschlag
the colander
une passoire

ein Holzbrettchen
a cutting board
une planche à découper

ein Kartoffelstampfer
a potato masher
un presse-purée

eine Pfeffermühle
a pepper mill
un moulin à poivre

ein Tranchierbesteck
a carving fork and knife
une fourchette et un couteau à découper

eine Rührmaschine
an electric mixer
un batteur électrique

ein Kochbuch
a cookery book
un livre de cuisine

45

Wenn du groß bist

Was möchtest du einmal werden? Ein guter
Koch? Oder lieber Arzt oder Krankenschwester?

eine Sekretärin
a secretary
une secrétaire

ein Matrose
a sailor
un matelot

eine Krankenschwester
a nurse
une infirmière

ein Arzt
a doctor
un médecin

ein Tischler
a carpenter
un menuisier

ein Musiker
a musician
un musicien

ein Cowboy
a cowboy
un cow-boy

ein Fleischer
a butcher
un boucher

ein Zahnarzt
a dentist
un dentiste

ein Koch
a cook
un cuisinier

ein Sänger
a singer
un chanteur

ein Maler
a painter
un artiste peintre

ein Pilot
a pilot
un pilote

ein Lastwagenfahrer
a lorry driver
un camionneur

ein Automechaniker
a garage mechanic
un mécanicien

eine Lehrerin
a teacher
une institutrice

ein Zugschaffner
a train conductor
un contrôleur
de chemin de fer

ein Kaufmann
a shopkeeper
un commerçant

eine Bibliothekarin
a librarian
une bibliothécaire

eine Tänzerin
a dancer
une danseuse

ein Vater
a father
un père

eine Mutter
a mother
une mère

Das Alphabet

A die Aster

B der Bär

C der Clown

D der Doktor

E die Eichel

F der Frosch

G der Geier

H der Hase

I der Indianer

J die Jacke

K das Kanu

L das Lamm

M die Margerite

N das Notizbuch

O das Osterfest

P die Posaune

Q das Quadrat

R die Raupe

S das Schwein

T das Taschenmesser

U der Uhu

V das Veilchen

W der Wasserhahn

X das Xylophon

Y die Yacht

GRETEL

Z der Zeppelin

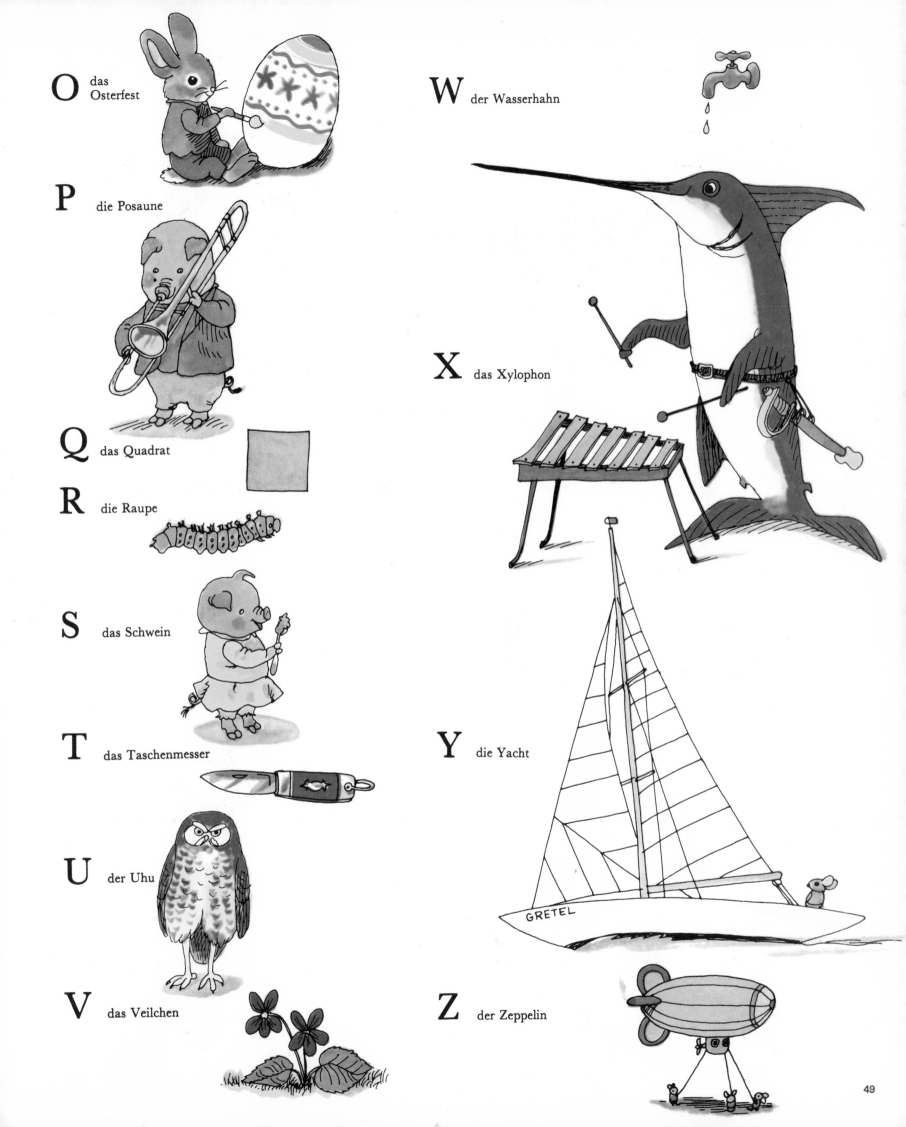

The alphabet

A   *the alligator*

B   *the bear*

C   *the cat*

D   *the dog*

E   *the egg*

F   *the fish*

G   *the goose*

H   *the heart*

I   *the ice cream*

J   *the juggler*

K   *the kangaroo*

L   *the letter*

M   *the mailman*

N   *the nut*

O   *the owl*

P   *the present*

Q   *the queen*

R   *the rug*

S   *the spider*

T   *the turtle*

U   *the umbrella*

V   *the vase*

W   *the walrus*

X   *the xylophone*

Y   *the yarn*

Z   *the zip*

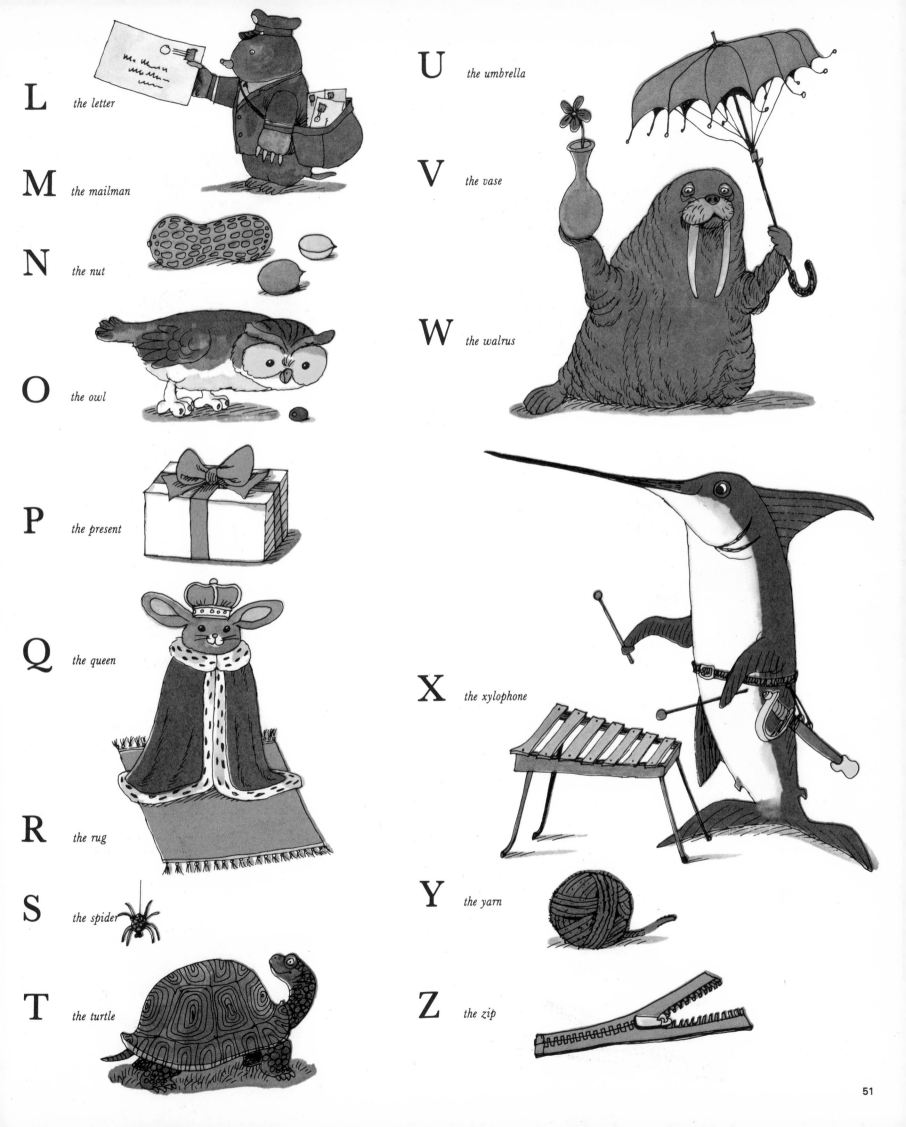

51

L'alphabet

A un alligator

B le ballon

C le chat

D la danseuse

E une étoile de mer

F la fermeture à glissière

G les grenouilles

H un hibou

I un insecte

J le jongleur

K le kayak

L la lettre

M un mécanicien

N la noix

O un ours

P le paquet

Q les quilles

R le radeau

S les souliers

T la tortue

U une urne

V un violon

W un wagon-citerne

X le xilophone

Y Youpi, me voilà!
dit le poussin

Z le zèbre

53

Was wir alles tun

Vieles können wir, und einiges
können wir nicht. Was zum Beispiel können wir nicht? Du wirst
es schon finden!

graben
dig
creuser

blasen
blow
souffler

bauen
build
construire

zerbrechen
break
casser

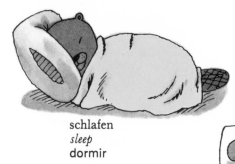

schlafen
sleep
dormir

aufwachen
awaken
s'éveiller

gehen
walk
marcher

laufen
run
courir

stehen
stand
se tenir debout

sitzen
sit
être assis

lesen
read
lire

zuschauen
watch
regarder

schreiben
write
écrire

54

ziehen
pull
tirer

schieben
push
pousser

kicken
kick
donner un coup de pied

sprechen
talk
parler

zuhören
listen
écouter

schreien
shout
crier

flüstern
whisper
chuchoter

essen
eat
manger

darüberspringen
jump over
sauter par dessus

lachen
laugh
rire

lächeln
smile
sourire

weinen
cry
pleurer

trinken
drink
boire

durchkriechen
crawl under
ramper par dessous

hinfallen
fall down
tomber

Fliegen können wir nicht.
We can't fly.
Nous ne pouvons pas voler.

steigen
go up
monter

hinuntergehen
go down
descendre

grüßen
raise a hat
saluer

spähen
peer
épier

herauskommen
come out
sortir

hineingehen
go in
entrer

55

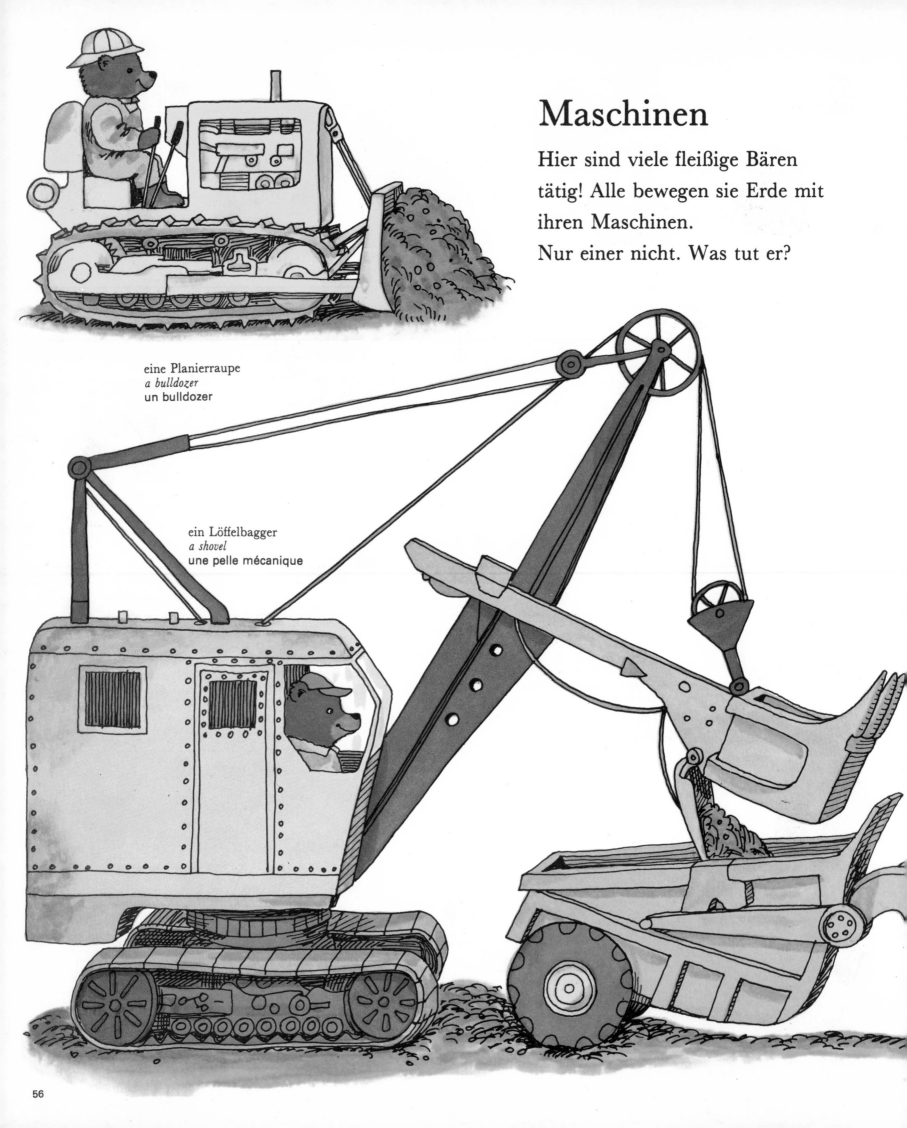

Maschinen

Hier sind viele fleißige Bären
tätig! Alle bewegen sie Erde mit
ihren Maschinen.
Nur einer nicht. Was tut er?

eine Planierraupe
a bulldozer
un bulldozer

ein Löffelbagger
a shovel
une pelle mécanique

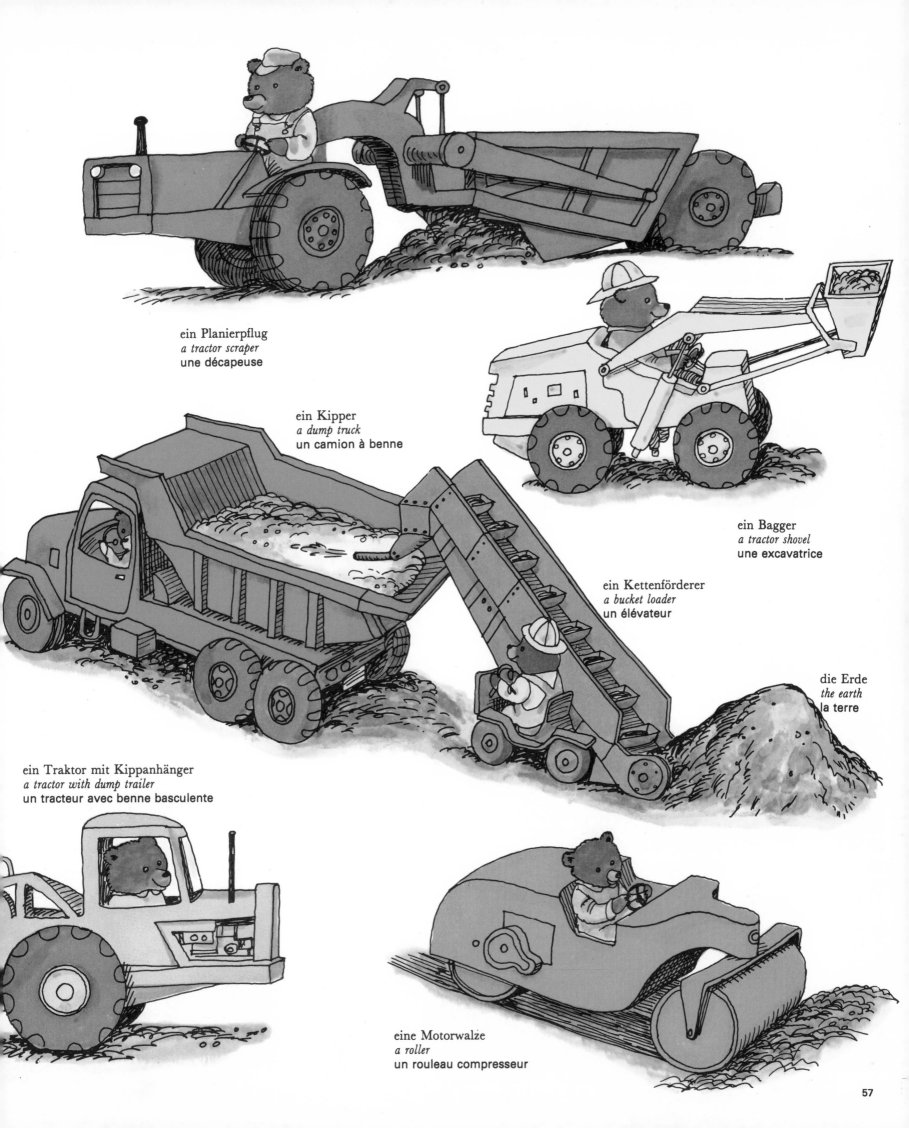

ein Planierpflug
a tractor scraper
une décapeuse

ein Kipper
a dump truck
un camion à benne

ein Bagger
a tractor shovel
une excavatrice

ein Kettenförderer
a bucket loader
un élévateur

die Erde
the earth
la terre

ein Traktor mit Kippanhänger
a tractor with dump trailer
un tracteur avec benne basculente

eine Motorwalze
a roller
un rouleau compresseur

HOTEL

Cowboy Kleidung

BANK

RAT-HAUS

die Straßenlaterne
the street-lamp
le réverbère

ein Anbindepfosten
a hitching post
une barre d'attache

ein Goldgräber
a gold miner
un chercheur d'or

ein Sheriff
a sheriff
un shériff

ein Packesel
a burro
une bête de somme

eine Geldkassette
a money box
un coffre-fort

ein Cowboy
a cowboy
un cow-boy

eine Lokomotive
a locomotive
une locomotive

ein Scheinwerfer
a head light
un phare

BUFFALO BILL

eine Postkutsche
a stagecoach
une diligence

ein Rad
a wheel
une roue

Im Wilden Westen

Ein Indianer kommt in die Stadt.
Seine Frau und das Baby begleiten ihn.

ein Planwagen
a covered wagon
un fourgon bâché

ein Sattel
a saddle
une selle

der Staub
the dust
la poussière

SCHMIED

Ochsen
oxen
des bœufs

ein Indianerbaby
a papoose
un bébé indien

ein Indianer
an Indian
un Indien

eine Indianerfrau
a squaw
une squaw

FUTTER-MITTEL GETREIDE

ein Hufeisen
a horseshoe
un fer à cheval

ein Faß
a barrel
une barrique

ein Lasso
a lasso
un lasso

ein Viehwagen
a cattle truck
un wagon à bestiaux

ein Tender
a tender
un tender

das Vieh
the cattle
le bétail

ein Pferd
a horse
un cheval

ein Pferch
a corral
un enclos

Im Zirkus

Die Musik spielt, und die Tiere zeigen ihre Kunststücke. Welche Nummer gefällt dir am besten?

eine Balancierstange
a balancing pole
un balancier

ein Seilakrobat
a tightrope performer
un funambule

eine Zeltstange
a tent pole
un mât de tente

ein Seil
a tightrope
une corde

die Kapelle
the band
l'orchestre

eine Akrobatin
an acrobat
une acrobate

eine Strickleiter
a rope ladder
une échelle
de corde

ein Podium
a bandstand
une estrade

ein Zirkuspferd
a circus horse
un cheval de cirque

das Sägemehl
the sawdust
la sciure de bois

ein dressierter Elefant
a performing elephant
un éléphant savant

die Manege
the ring
le manège

der Zirkusdirektor
the ringmaster
le directeur de cirque

ein Zirkushund
a performing dog
un chien savant

ein Clown
a clown
un clown

ein Wimpel
a pennant
un fanion

ein Zirkuszelt
a circus tent
un chapiteau

ein Trapez
a trapeze
un trapèze

ein Trapezkünstler
a trapeze artist
un trapéziste

eine Akrobatin
an acrobat
une acrobate

ein Netz
a safety net
un filet

der Kartenverkäufer
the ticket seller
le caissier

a hoop
un cerceau

ein Reifen

eine Peitsche
a whip
un fouet

ein Löwe
a lion
un lion

ein Löwenbändiger
a lion tamer
un dompteur

ein Jongleur
a juggler
un jongleur

ein dressierter Seelöwe
a trained sealion
une otarie savante

die Süßwaren
the sweets
les friandises

ein Luftballon-
verkäufer
a balloon man
un marchand
de ballons

61

Die Feuerwehr kommt

Wird der Feuerwehrmann die
Frau retten?

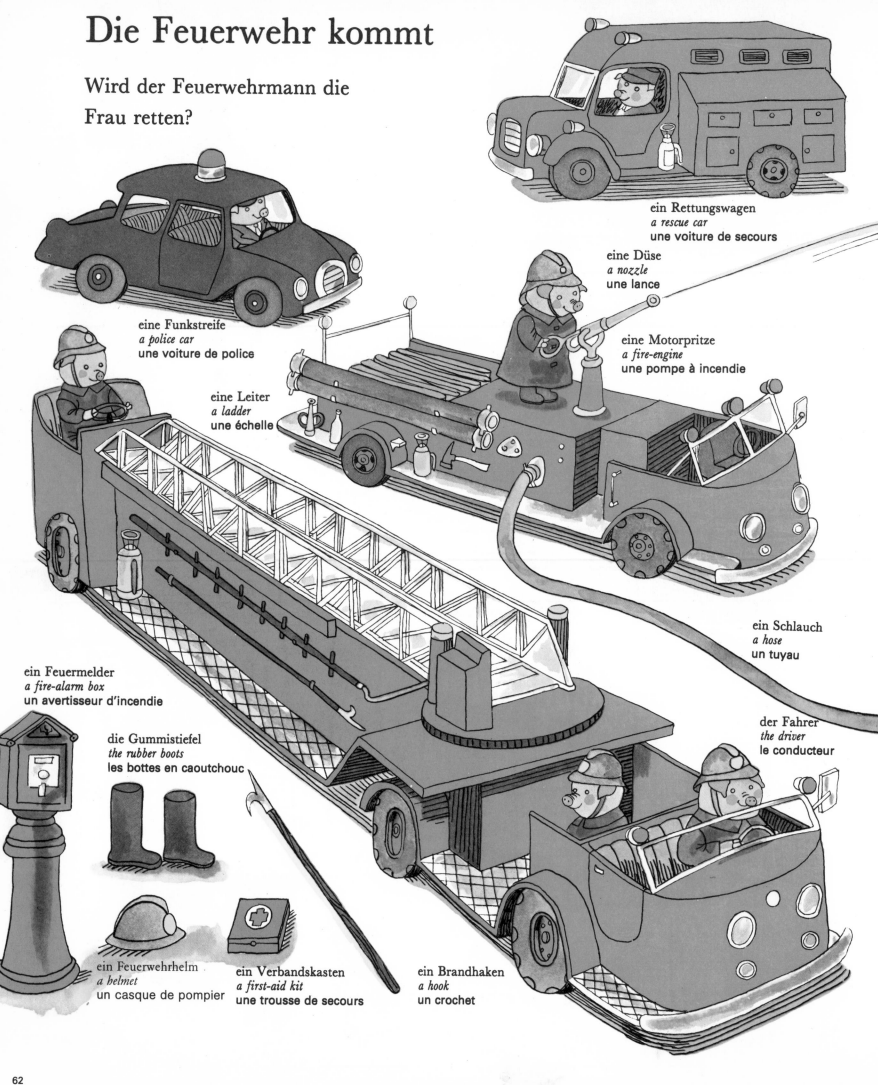

ein Rettungswagen
a rescue car
une voiture de secours

eine Düse
a nozzle
une lance

eine Motorpritze
a fire-engine
une pompe à incendie

eine Funkstreife
a police car
une voiture de police

eine Leiter
a ladder
une échelle

ein Schlauch
a hose
un tuyau

ein Feuermelder
a fire-alarm box
un avertisseur d'incendie

die Gummistiefel
the rubber boots
les bottes en caoutchouc

der Fahrer
the driver
le conducteur

ein Feuerwehrhelm
a helmet
un casque de pompier

ein Verbandskasten
a first-aid kit
une trousse de secours

ein Brandhaken
a hook
un crochet

eine Ambulanz
an ambulance
une ambulance

die Flammen
the flames
les flammes

der Rauch
the smoke
la fumée

das Wasser
the water
l'eau

der Brandmeister
the fire chief
le capitaine des pompiers

ein Megaphon
a megaphone
un porte-voix

ein Pumpwagen
a pumper
une voiture-pompe

ein Hydrant
a fire-hydrant
une bouche d'incendie

eine Leiter
a ladder
une échelle

ein Feuerwehrmann
a fireman
un pompier

ein Sprungtuch
a rescue net
une toile de sauvetage

ein Feuerlöscher
a fire-extinguisher
un exincteur

63

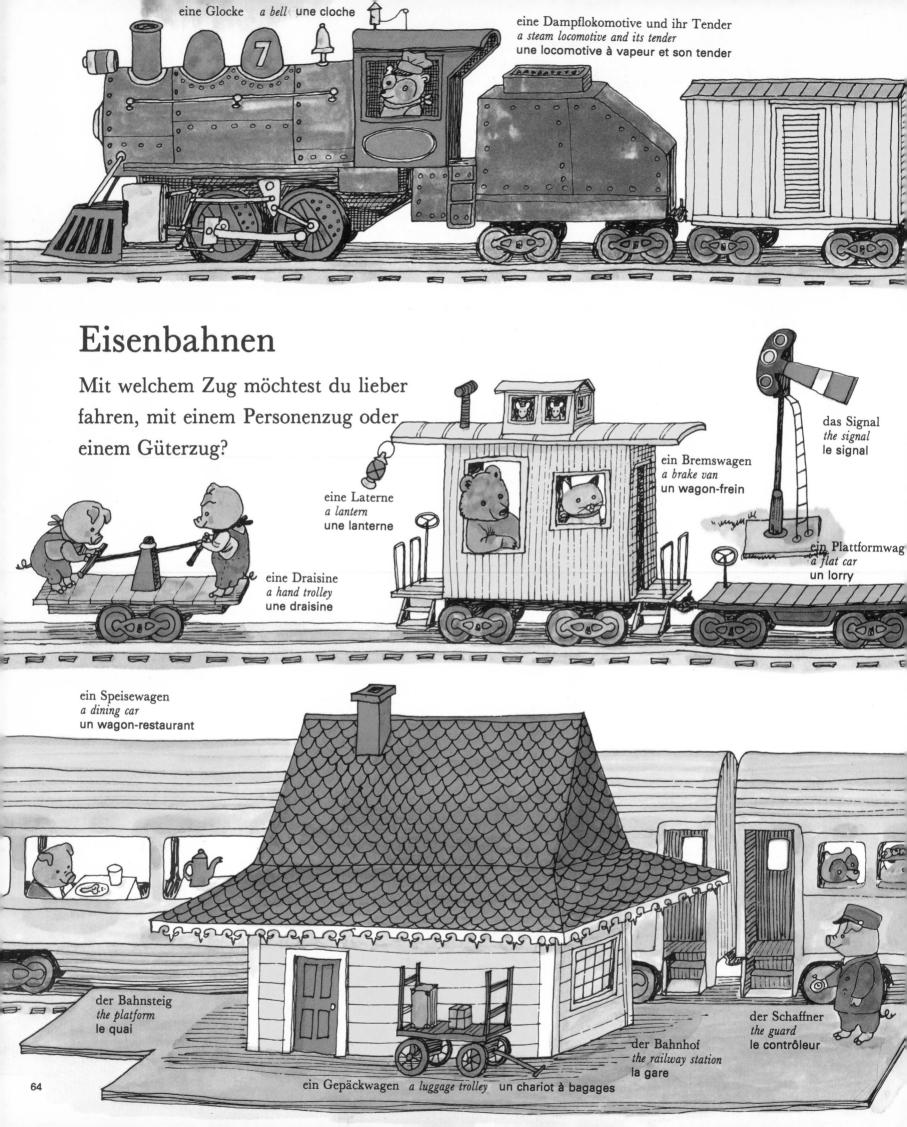

eine Glocke *a bell* une cloche

eine Dampflokomotive und ihr Tender
a steam locomotive and its tender
une locomotive à vapeur et son tender

Eisenbahnen

Mit welchem Zug möchtest du lieber
fahren, mit einem Personenzug oder
einem Güterzug?

eine Laterne
a lantern
une lanterne

ein Bremswagen
a brake van
un wagon-frein

das Signal
the signal
le signal

eine Draisine
a hand trolley
une draisine

ein Plattformwag
a flat car
un lorry

ein Speisewagen
a dining car
un wagon-restaurant

der Bahnsteig
the platform
le quai

der Schaffner
the guard
le contrôleur

der Bahnhof
the railway station
la gare

ein Gepäckwagen *a luggage trolley* un chariot à bagages

64

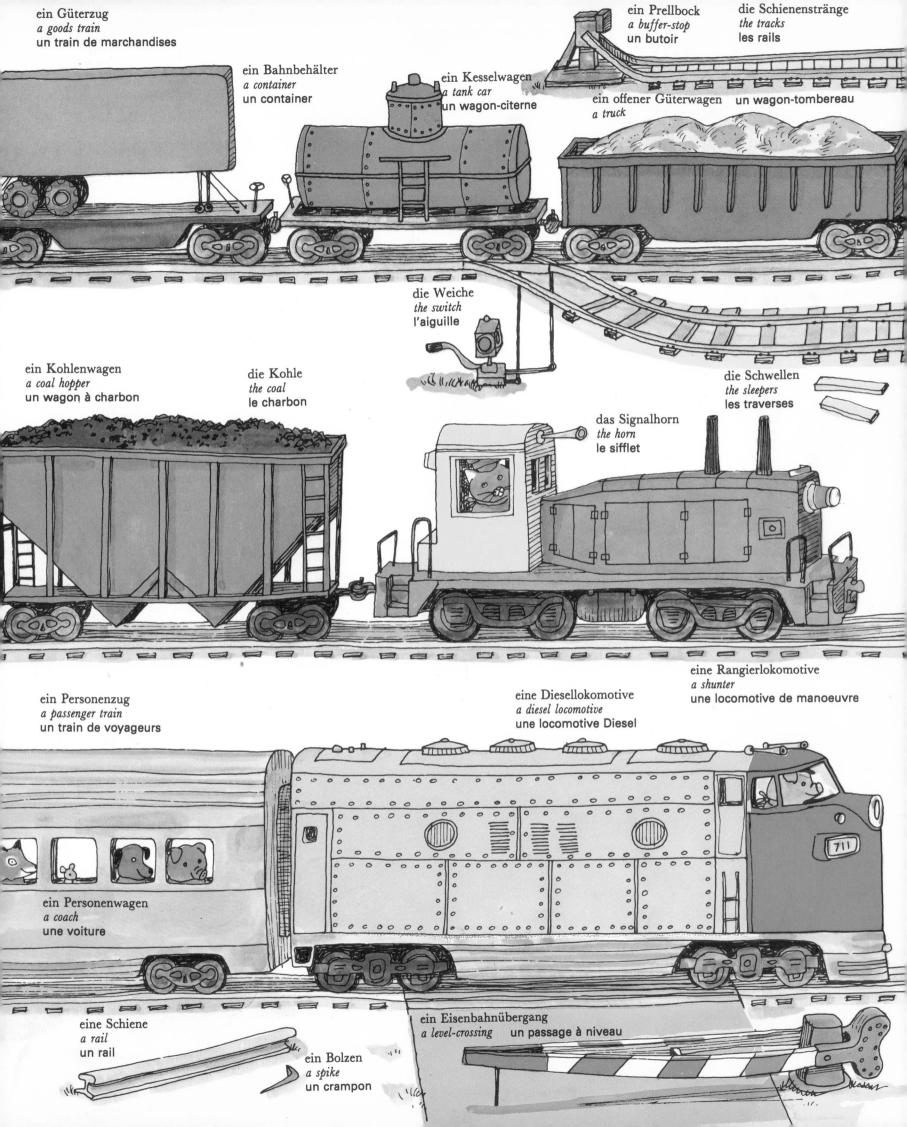

ein Güterzug
a goods train
un train de marchandises

ein Bahnbehälter
a container
un container

ein Kesselwagen
a tank car
un wagon-citerne

ein Prellbock
a buffer-stop
un butoir

die Schienenstränge
the tracks
les rails

ein offener Güterwagen
a truck
un wagon-tombereau

die Weiche
the switch
l'aiguille

ein Kohlenwagen
a coal hopper
un wagon à charbon

die Kohle
the coal
le charbon

die Schwellen
the sleepers
les traverses

das Signalhorn
the horn
le sifflet

eine Rangierlokomotive
a shunter
une locomotive de manoeuvre

ein Personenzug
a passenger train
un train de voyageurs

eine Diesellokomotive
a diesel locomotive
une locomotive Diesel

ein Personenwagen
a coach
une voiture

711

eine Schiene
a rail
un rail

ein Bolzen
a spike
un crampon

ein Eisenbahnübergang
a level-crossing   un passage à niveau

Vögel

Die meisten Vögel können fliegen, manche können es nicht. Zum Beispiel einer, der am Südpol lebt und auf dem Eis herumspaziert. Welcher Vogel ist das?

ein Adler
an eagle
un aigle

ein Falke
a hawk
un faucon

ein Kolibri
a hummingbird
un oiseau-mouche

eine Rauchschwalbe
a barn swallow
une hirondelle

ein Reiher
a heron
un héron

ein Hahn
a cock
un coq

eine Henne
a hen
une poule

ein Kleiber
a nuthatch
une sittelle

eine Gans
a goose
une oie

eine Taube
a pigeon
un pigeon

ein Küken
a chick
un poussin

Spechte
woodpeckers
des piverts

eine Ente
a duck
une cane

ein Flamingo
a flamingo
un flamant

ein Löffelreiher
a spoonbill
une spatule

ein Schwan
a swan
un cygne

ein Entenküken
a duckling
un caneton

ein Pinguin
a penguin
un pingouin

ein Pelikan
a pelican
un pélican

eine Rohrdommel
a bittern
un butor

ein Geier
a vulture
un vautour

ein Papagei
a parrot
un perroquet

eine Krähe
a crow
une corneille

eine Eule
an owl
un hibou

ein Tukan
a toucan
un toucan

ein Papageitaucher
a puffin
un puffin

eine Sperlingstaube
a ground dove
une tourterelle-
moineau

ein Kardinal
a cardinal
un cardinal

ein Blauhäher
a bluejay
un geai bleu

ein Rotkehlchen
a robin
un rouge-gorge

ein Spatz
a sparrow
un moineau

ein Zaunkönig
a wren
un roitelet

eine Seeschwalbe
a tern
une hirondelle de mer

ein Strandläufer
a sandpiper
une maubèche

eine Möwe
a sea gull
une mouette

ein Vogelkäfig
a bird cage
une cage à oiseaux

ein Vogelhäuschen
a bird house
un abri à oiseaux

ein Kanarienvogel
a canary
un canari

ein Nest
a nest
un nid

Vogeljungen
baby birds
des oisillons

eine Wachtel
a quail
une caille

ein Fasan
a pheasant
un faisan

ein Silberreiher
an egret
une aigrette

ein Storch
a stork
une cigogne

ein Strauß
an ostrich
une autruche

eine Waldschnepfe
a woodcock
une bécasse

ein Straußenei
an ostrich egg
un oeuf d'autruche

ein Star
a starling
un étourneau

Am Strand

Im Hochsommer ist es herrlich, an die See zu fahren. Was hört das Hasenkind in der Muschel? Vielleicht das Rauschen des Meeres?

ein Fernrohr
a telescope
une longue-vue

ein Leuchtturm
a lighthouse
un phare

ein Sommerhäuschen
a summer cottage
une maisonnette de vacances

ein Ruder
an oar
une rame

eine Schaufel
a shovel
une pelle

ein Gummitier
a rubber toy
une bouée en
caoutchouc

ein Anker
an anchor
une ancre

ein Ruderboot
a rowing boat
une barque à rames

ein Strandläufer
a sandpiper
une maubèche

Wellen
waves
des vagues

eine Sandburg
a sand castle
un château de sable

ein Rochen
a skate
une raie

eine Auster
an oyster
une huître

ein Kabeljau
a codfish
une morue

ein Hummer
a lobster
un homard

eine Kammuschel
a scallop
un peigne

eine Venusmuschel
a clam
une palourde

ein Seeohr
a sea purse
un oreille de mer

ein Einsiedlerkrebs
a hermit crab
un bernard-l'hermite

ein Sonnenschirm
an umbrella
un parasol

eine Möwe
a sea gull
une mouette

die Sonne
the sun
le soleil

ein Fahnenmast
a flag pole
un mât

ein Pavillon
a pavilion
un pavillon

eine Düne
a sand dune
une dune

die Strandpromenade
the promenade
la promenade

ein Bademeister
a lifeguard
un maître-nageur

Strandhafer
beach grass
élyme

eine Treppe
a flight of stairs
un escalier

eine Muschel
a sea shell
une conque marine

ein Liegestuhl
a beach chair
un siège pliant

Badekabinen
bathing-cabins
des cabines de bain

ein Seestern
a starfish
une étoile de mer

eine Sandburg
a sand dugout
une excavation

Wellen
waves
des vagues

eine Krabbe
a prawn
une crevette

ein Schwertschwanz
a horseshoe crab
un limule

ein Hering
a herring
un hareng

Tang
seaweed
des algues

ein Krebs
a crab
un crabe

eine Flunder
a flounder
un flet

eine Miesmuschel
a mussel
une moule

69

Das Baby

In der Katzenfamilie ist ein Baby angekommen. Wie soll es heißen? Welcher Name würde dir gefallen? Schreib ihn hierhin:

- -

der Vater
the father
le père

die Mutter
the mother
la mère

die Großmutter
the grandmother
la grand-mère

der Großvater
the grandfather
le grand-père

eine Rassel
a rattle
un hochet

die Schwester
the sister
la soeur

das Baby
the baby
le bébé

der Bruder
the brother
le frère

eine Windel
a nappy
un lange

der Onkel
the uncle
l'oncle

eine Flasche
a bottle
un biberon

die Tante
the aunt
la tante

der Kinderstuhl
the high chair
la chaise haute

der Laufstall
the playpen
le parc à bébé

der Cousin
the cousin
le cousin

der Sportwagen
the pushchair
la poussette

das Kinderbett
the cot
le lit d'enfant

der Korbwagen
the cradle
le berceau

ein Spieltisch
a play table
une table de jeu

der Laufring
the walker
le trotteur

der Kinderwagen
the pram
le landau

70

Augen, Ohren, Mund und Nase…

Der kleine Bär packt alles mit seinen
Tatzen an, und du?

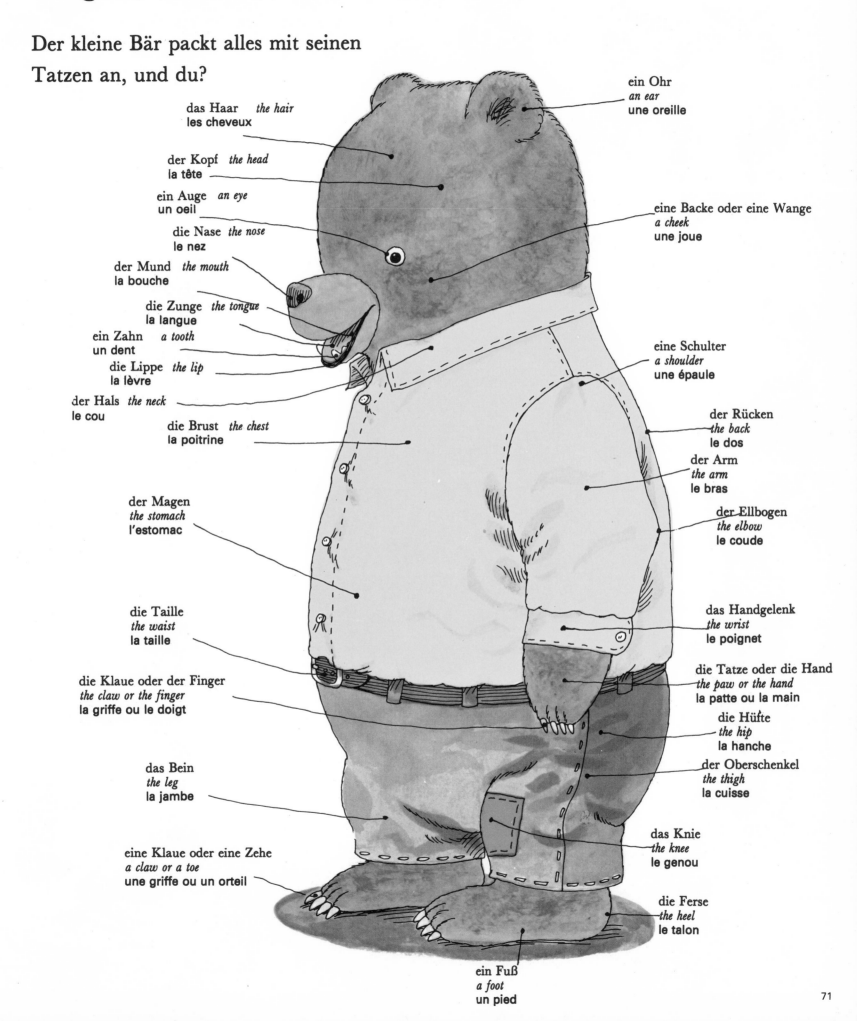

das Haar *the hair*
les cheveux

ein Ohr
an ear
une oreille

der Kopf *the head*
la tête

ein Auge *an eye*
un oeil

eine Backe oder eine Wange
a cheek
une joue

die Nase *the nose*
le nez

der Mund *the mouth*
la bouche

die Zunge *the tongue*
la langue

ein Zahn *a tooth*
un dent

eine Schulter
a shoulder
une épaule

die Lippe *the lip*
la lèvre

der Hals *the neck*
le cou

der Rücken
the back
le dos

die Brust *the chest*
la poitrine

der Arm
the arm
le bras

der Ellbogen
the elbow
le coude

der Magen
the stomach
l'estomac

die Taille
the waist
la taille

das Handgelenk
the wrist
le poignet

die Klaue oder der Finger
the claw or the finger
la griffe ou le doigt

die Tatze oder die Hand
the paw or the hand
la patte ou la main

die Hüfte
the hip
la hanche

das Bein
the leg
la jambe

der Oberschenkel
the thigh
la cuisse

eine Klaue oder eine Zehe
a claw or a toe
une griffe ou un orteil

das Knie
the knee
le genou

die Ferse
the heel
le talon

ein Fuß
a foot
un pied

71

Bei der Gartenarbeit

Alle arbeiten im Garten. Frau Krähe hat ein Samenkorn im Schnabel. Wird sie es wohl einpflanzen, oder wird sie es auffressen?

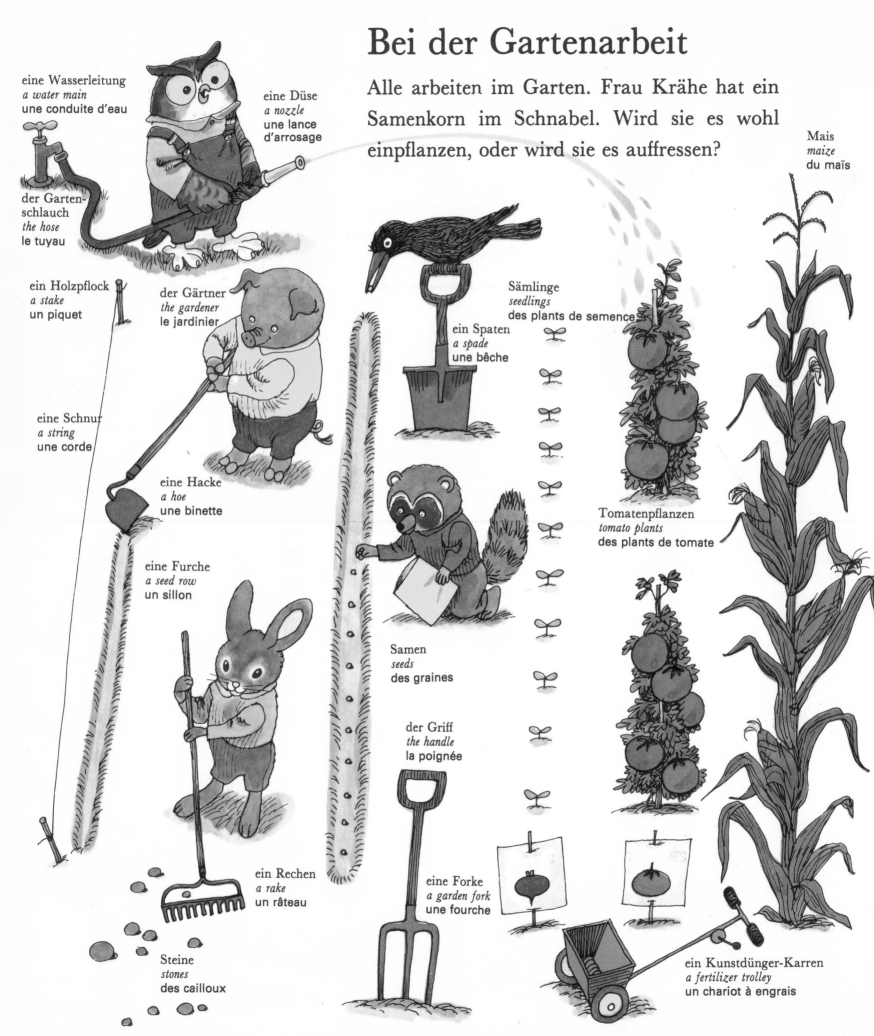

eine Wasserleitung
a water main
une conduite d'eau

eine Düse
a nozzle
une lance d'arrosage

der Gartenschlauch
the hose
le tuyau

ein Holzpflock
a stake
un piquet

der Gärtner
the gardener
le jardinier

eine Schnur
a string
une corde

eine Hacke
a hoe
une binette

eine Furche
a seed row
un sillon

ein Spaten
a spade
une bêche

Sämlinge
seedlings
des plants de semence

Mais
maize
du maïs

Tomatenpflanzen
tomato plants
des plants de tomate

Samen
seeds
des graines

der Griff
the handle
la poignée

eine Forke
a garden fork
une fourche

ein Rechen
a rake
un râteau

Steine
stones
des cailloux

ein Kunstdünger-Karren
a fertilizer trolley
un chariot à engrais

72

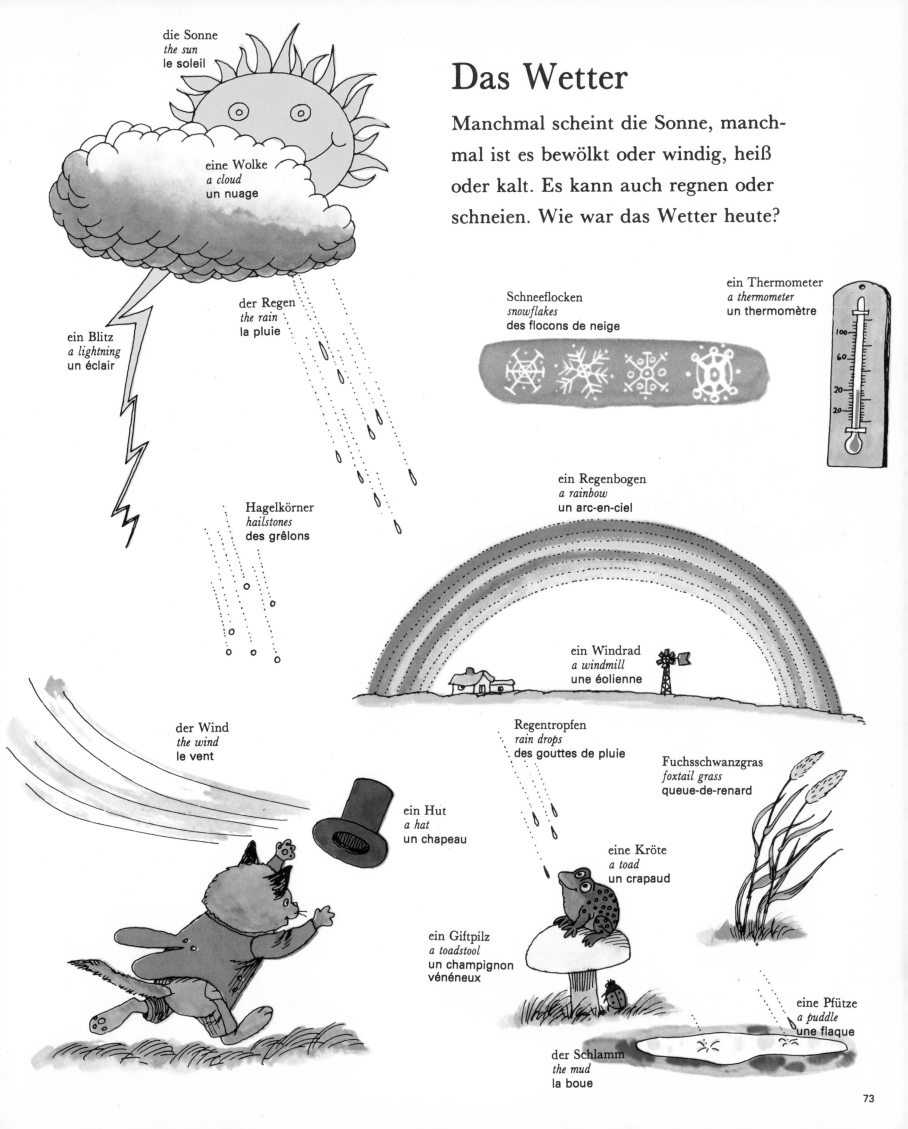

die Sonne
the sun
le soleil

eine Wolke
a cloud
un nuage

Das Wetter

Manchmal scheint die Sonne, manchmal ist es bewölkt oder windig, heiß oder kalt. Es kann auch regnen oder schneien. Wie war das Wetter heute?

der Regen
the rain
la pluie

ein Blitz
a lightning
un éclair

Schneeflocken
snowflakes
des flocons de neige

ein Thermometer
a thermometer
un thermomètre

Hagelkörner
hailstones
des grêlons

ein Regenbogen
a rainbow
un arc-en-ciel

ein Windrad
a windmill
une éolienne

der Wind
the wind
le vent

Regentropfen
rain drops
des gouttes de pluie

Fuchsschwanzgras
foxtail grass
queue-de-renard

ein Hut
a hat
un chapeau

eine Kröte
a toad
un crapaud

ein Giftpilz
a toadstool
un champignon
vénéneux

eine Pfütze
a puddle
une flaque

der Schlamm
the mud
la boue

73

ein Regenschauer
a rain shower
une averse

ein Pflug
a plough
une charrue

Knospen
buds
des bourgeons

ein Rotkehlchen
a robin
un rouge-gorge

ein Nest
a nest
un nid

Frühling

Das kleine Lamm freut sich,
weil es Frühling ist. Der Bär kommt
aus seiner Höhle und mäht den Rasen.

ein Lamm
a lamb
un agneau

ein Baum
a tree
un arbre

eine Brücke
a bridge
un pont

ein Bach
a brook
un ruisseau

ein Busch
a bush
un arbuste

Farn
fern
des fougères

Wurzeln
roots
des racines

die Weidenkätzchen
the pussy willows
les chatons de saule

eine Höhle
a cave
une caverne

ein Frosch
a frog
une grenouille

die Osterglocken
the daffodils
les jonquilles

die Veilchen
the violets
les violettes

ein Rasenmäher
a lawn mower
une tondeuse à gazon

ein Krokus
a crocus
un crocus

eine Kuh
a cow
une vache

die Wiese
the meadow
le pré

ein Kalb
a calf
un veau

ein Maisfeld
a cornfield
un champ de maïs

ein Kombiwagen
a station wagon
un break

ein Zaun
a fence
une clôture

Sommer

Jetzt ist die richtige Zeit
für Picknicks. Es macht Spaß, im
Freien zu essen.

ein Zelt
a tent
une tente

eine Fliege
a fly
une mouche

ein Feldbett
a camp bed
un lit de camp

ein Grill
a grill
un grill

ein Picknickkorb
a picnic basket
un panier de
pique-nique

ein Wasserbehälter
a water carrier
un tonnelet d'eau

die Holzkohle
the charcoal
le charbon
de bois

eine Schinkensemmel
a roll with ham
un sandwich
au jambon

Würstchen
sausages
des saucisses

eine saure Gurke
a pickle
un cornichon

eine Stechmücke
a mosquito
un moustique

ein Pappbecher
a paper cup
un gobelet
en carton

der Senf
the mustard
le moutarde

das Tomatenketchup
the ketchup
le ketchup

die Ameisen
the ants
les fourmis

ein Felsen
a rock
un rocher

eine Angel
a fishing rod
une canne
à pêche

ein Schwimmer
a float
un flotteur

ein Frosch
a frog
une grenouille

ein Anlegeplatz
a landing stage
un ponton

die Binsen
the bulrushes
les roseaux

ein Teich
a pond
un étang

eine Wasserrose
a water lily
un nénuphar

eine Libelle
a dragonfly
une libellule

die Kieselsteine
the pebbles
les cailloux

die Steine
the stones
les pierres

die Sonne
the sun
le soleil

eine Ente
a duck
une cane

fallende Blätter
falling leaves
des feuilles mortes

die Maishocken
the maize shocks
les meules de maïs

eine Steinmauer
a stone wall
un mur

Nüsse
nuts
des noix

ein Tor
a gate
un portillon

ein Kürbis
a pumpkin
un potiron

ein Maiskolben
a maize cob
un épi de maïs

der Apfelsaft
the cider
le cidre

die Flaschenkürbisse
the squashes
les calebasses

der Sirup
the syrup
le sirop

Herbst

Im Herbst ist die Luft schon
kühl. Die grünen Blätter werden
bunt, dann fallen sie herunter.
Der Bär kehrt sie zusammen
und macht ein Feuer damit.

ein Korb mit Äpfeln
a basket of apples
un panier de pommes

Flammen
flames
des flammes

ein Truthahn
a turkey
un dindon

ein Rechen
a rake
un râteau

ein Herbstfeuer
a bonfire
un feu

die Blätter
the leaves
les feuilles

Winter

Im Winter tummeln wir uns im Schnee und auf dem Eis. Was tust du am liebsten: skifahren, rodeln oder schlittschuhlaufen?

ein Schneesturm
a snow storm
une tempête de neige

ein Schlitten
a sleigh
un traîneau

ein Eiszapfen
an icicle
un glaçon

eine Fischerhütte
a fishing hut
une cabane de pêche

Skier
skis
des skis

ein Rodelschlitten
a sledge
une luge

der Schnee
the snow
la neige

ein Toboggan
a toboggan
un toboggan

unterm Eis fischen
ice fishing
pêcher sous la glace

ein Schneeball
a snow ball
une boule de neige

die Eisbahn
the ice-skating rink
la piste de patinage

ein Hockeyschläger
a hockey stick
une crosse de hockey

ein Puck
a puck
un palet

die Schlittschuhe
the ice skates
les patins à glace

ein Wollschal
muffler
ne écharpe
n laine

ein Reserverad
a spare tyre
une roue
de secours

ein Jeep
a jeep
une jeep

ein eingemummtes Schwein
a pig all wrapped up
un cochon tout emmitouflé

ein Schneepflug
a snowplough
un chasse-neige

ein Schneemann
a snowman
un bonhomme de neige

ein Hahn
a cock
un coq

eine Henne
a hen
une poule

ein Küken
a chick
un poussin

der Maulwurf
the mole
la taupe

der Brief
the letter
la lettre

Delphin Verlag
Zürich
Schweiz

der Gitarrenspieler
the guitarist
le guitariste

eine Krähe
a crow
une corneille

der Hase
the rabbit
le lapin

ein Spaten
a spade
une bêche

die Maus
the mouse
la souris

eine Fliege
a fly
une mouche

ein Schirm
an umbrella
un parapluie

eine Vase
a vase
un vase

das Schwein
the pig
le cochon

ein Lamm
a lamb
un agneau

ein Walroß
a walrus
un morse